우리는 원래
간호사가 아닌 마녀였다

WITCHES, MIDWIVES & NURSES
Copyright ⓒ 1975 by Barbara Ehrenreich and Deirdre English
All rights reserved
Korean translation copyright ⓒ 2022 by LACANIAN
Korean translation rights arranged with ICM Partners through EYA (Eric Yang Agency), Seoul.

이 책의 한국어판 저작권은 EYA (Eric Yang Agency)를 통한 ICM partners사와의 독점계약으로 라까니언이 소유합니다. 저작권법에 의하여 한국 내에서 보호를 받는 저작물이므로 무단전재 및 복제를 금합니다.

우리는 원래 간호사가 아닌 마녀였다

바버라 에런라이크, 디어드러 잉글리시 지음

김서은 옮김

Witches, Midwives & Nurses

라까니언

차례

두 번째 판본 서문: 그 배경에 대하여　　7

첫 번째 판본 서문　　33

중세 시대의 마술과 의학　　43

여성 그리고 미국 의학 전문가의 부상　　73

결론　　115

참고문헌　　123

옮긴이 후기　　129

일러두기

1. 본문 가운데 인용된 책들은 제목을 번역했으며, 번역되어 출간된 책은 한국어 번역본을 따랐다.
2. 각주에는 저자의 주와 역자의 주가 있다. 저자의 주는 숫자를(1, 2, 3……), 역자주에는 별표(*)를 달고 옮긴이라고 별도로 표기해 놓았다. 따로 각주로 뺄 내용이 길지 않을 때에는 '( )'안에 그 내용을 적었다.

두 번째 판본 서문

그 배경에 대하여

두 번째 판본 서문

그 배경에 대하여

마녀, 산파 그리고 간호사(WMN)*는 미국에서 일어난 제2물결 페미니즘으로부터 시작된 기록이다. 40년이 지난 뒤 다시 읽어 보았을 때, 이 책이 단호하고 명쾌함은 물론 많은 부분에 있어서 상당히 정확했음을 새삼 깨닫게 된다. 우리가 이 책을 쓸 당시에는 자료가 매우 부족 했음에도 말이다. 그러나 한편으로 현재 시점에서 보기에 이 책의 표현 방식이 과장되고 지나치게 공격적이라는 점이 당혹스럽기도 하다. 40년 동안 역

---

*이 책의 원래 제목은 마녀, 산파 & 간호사(Witches, Midwives & Nurses) 였지만 제목을 변경하였다. (옮긴이)

사적으로도 학문적 접근 방식으로도 많은 것이 변했다. 그렇기에 그 당시 우리가 분노와 분개에 휩싸여 있었음을 다시 한 번 짚고 넘어가야만 한다. 만약 우리가 분노하는 원인 중 일부가 현재 시점에 이상하게 보인다면, 그 이유는 순전히 이 책이나 이와 같은 책이 생겨나게 된 사회적 운동 덕분이다.

1970년대 초 페미니스트들은 의료 시스템이 다양한 방식으로 여성을 혹사시키거나 부당하게 대우하고 있음을 깨닫기 시작했다. 여성이 건강관리전문가로서 하는 일은 대개 간호사와 조무사 같은 보조적인 역할로 제한되어 있었다. 그리고 여성이 의료 소비자일 때에는 여성을 배려하지 않는 위험한 치료의 대상이었음을 알게 되었다. 불필요한 자궁절제술, 출산 시 과잉 진료, 충분히 검증되지 않은 피임 기구, 원치 않은 불임 수술, 그리고 남자 의사에게서 보편적으로 나타나는 [여성을] 경시하는 태도 같은 것들 말이다.

여성은 자신의 몸에 대해 아는 것이 없거나 치료에 대한 의사결정에 참여할 수 없다고 여겨졌다. 우리 세대 여성들은 어린 여자아이였을 때부터 자신의 생식기를 차마 입에 담을 수 없는 부위인 "아래쪽 거기"라고 생각하도록 성장해왔다. 많은 어머니들이 읽었던 「레이디스 홈 저널Ladies' Home Journal」에 실린 의료자문 칼럼 제목은 "말해주세요, 의사 선생님.Tell me, Doctor."이었다. 질문이 너무 많거나, 예컨대 "자연" 분만 같은 것을 주장하는 여성에게는 종종 진료 기록 오른쪽에 비협조적임 또는 신경증 환자라는 꼬리표가 붙었다. 중요한 신체적 증상은 "정신적인 문제로 인한" 것으로 무시되기 십상이었고, 여성의 피암시성suggestibility 탓으로 돌려졌다. 유방암 수술 치료 프로토콜에 따르면, 조직검사 결과가 악성일 경우 여성 환자를 마취에서 깨워 의사를 묻는 절차 없이 바로 근치유방절제술을 시행하도록 명시되어 있었다.

이제 막 시작되던 "여성보건운동Women's health movement"에서 우리가 시도한 첫 번째 프로젝트 중 하나는 여성이 자신의 몸에 대해 무지하다는 사실을 깨닫도록 만드는 것이었다. 보스턴의 한 페미니스트 집단이 일반 대중을 대상으로 한 "당신의 몸을 알아라Know Your Body"라는 시리즈 강좌를 시작하였고 — 이 강좌의 핵심 내용은 1970년에 「우리 몸, 우리 자신Our Bodies, Ourselves」이라는 책으로 출간되었다 — 우리는 뉴욕에 비슷한 강좌가 개설될 수 있도록 도왔다. 월경 주기, 임신 및 폐경과 같은 주제를 발표하기 위해 우리 중 몇몇 사람들이 모여 의학 서적을 공부했다. 물론 오늘날에는 고등학교 교과 과정이나 여성 잡지를 읽는 것을 통해, 아니면 그저 구글에 검색해 보는 것만으로도 누구나 이런 지식을 배울 수 있다. 그러나 그 시절 여성들은 우리가 제공하는 정보라면 그게 무엇이든 배우길 열망하면서 저녁 수업을 가득 채웠다.

우리는 여성이 항상 모든 환경에서 자신의 몸과 돌봄에 대한 주도권을 빼앗겼던 건 아니라고 의심하기 시작했다. 예상과 달리 의학 기술과 의학업계가 주도권을 독점하기 시작한 것은 역사 발전 상 비교적 최근에 일어난 일이었고, 완벽하게는 아니더라도 그 전까지는 선대의 일부 여성들이 여성의 생활 주기와 관련된 문제들을 다루어 왔었다. 우리는 뉴욕주립대학의 새 지사인 올드 웨스트버리 단과 대학에서 — 이 대학에는 당시 "학생으로 치부되지 않았던" 학생들이 다녔는데, 대체로 20대 또는 그 이상이었고 흑인과 히스패닉계 사람들이 대부분이었다 — 서로를 교수로 만나고 나서야 우리가 가졌던 호기심을 충족시킬 수 있었다. 플로렌스 하우Florence

Howe는 최초의 여성학 강좌를 개발하기 위해 노력하는 동시에 페미니스트 프레스 기관을 설립했던 사람으로, 그녀 덕분에 이 캠퍼스는 계급, 종교, 성별 및 "정체성 정치identity politics"을 둘러싼 정치적 토론의 장이 될 수 있었다. 하우와 동료들에게 힘입어 우리는 여성 건강 강좌를 개설했고, 이것을 계기로 여성과 의료의 역사에 대해서도 조사할 수 있게 되었다.

"여성과…"로 시작하는 서적 장르가 아직 개발되지 않아 그 당시에는 읽을 자료가 많지 않았다. 때때로 우리는 전통적인 미국 의학 역사에서 여성이 치료사로서 우세한 영향력을 행사했던 시대에 대한 흥미로운 문헌들을 발견할 수 있었다 ─ 그러나 단지 현대 의학 전문가가 등장하기 이전 "미개한" 미국 의학이 어땠는지에 대한 흔적으로서만 등장했다. 우리는 학생들로부터 이 작업을 지속할 수 있는 강력한 동기를 얻었다. 학생들 중에는 여성 치료의 전통에 대한 기억과 경험을 지니고 있으면서 간호 학위를 따고자 하는 실무 간호사들이 많았다. 이 나라에 산파가 거의 존재하지 않는다는 사실에 매우 놀라는 캐리비언 출신의 산파, 민간 치료술을 업으로 삼았던 할머니에 대해 기억하고 있는 유럽 이민자 출신 여성 그리고 독자적인 남미 전통 산파술에 대한 기억을 가지고 있는 아프리카 계 미국인처럼 말이다.

1972년 어느 날 — 언제였는지는 정확히 기억나지 않지만 — 우리는 펜실베이니아 시골 동네에서 열리는 여성 건강과 관련된 작은 컨퍼런스에 초대받았다. 이것을 기회 삼아 우리는 운동가들과 일부 신흥 학자들에게 우리가 새롭게 제시하는 가설을 선보일 수 있었다. 컨퍼런스에 가져가기 위해 발견한 사실들을 등사판으로 정리했던 요약본을 지금은 가지고 있지 않지만 요점은 이러했다. 우리가 알고 있는 (아직도 90 퍼센트 이상이 남자인) 의학업계가 여성이 의학 교육을 받을 수 있는 기회를 차단하면서, 산파술을 비롯한 다양한 치료 기술을 포함해 여성 민간 치료의 아주 오랜 전통을 쫓아내고 대체했다는 것이다. 바꿔 말하면 1970년대 여성들이 겪었던 무시와 권리의 박탈은 오랫동안 지속되어 온 상태가 아니라, 19세기 초 미국에서 일어난 권력 투쟁의 연장선상에 있는 결과일 뿐이며 의료의 과학화는 훨씬 뒤에 등장했다는 말이다. 우리는 유럽에서도 이와 유사한 권력 투쟁이 있었는지 추적했고 근대 초기까지

거슬러 올라갔다. 매우 인습타파적이었던 토마스 사즈 Thomas Szasz에 다소 영감을 받은 우리는 그와 같은 시대의 여성 일반 치료사female lay* healer가 어떻게 "마녀"로 몰렸는지에 대해 조사했다.

  발표에 대한 반응은 매우 열광적이어서 출판을 기대할 수 있을 정도였다. 하지만 그래서? 우리 중 누구도 "주류" 언론에 접근할 수 없었을 뿐만 아니라 출판 계약에 관심을 가지고 있지도 않았다. 우리는 이 조사 결과를 저렴하고 접근하기 쉬우면서도 올드 웨스트버리 대학에서 우리가 가르쳤던 학생 같은 여성들을 매료시킬 수 있는 형태로 출간하길 원했지, 책이나 잡지 기사로는 아니었다. 지금 시점에서는 다소 이상해 보이지만 우리는 자비를 들여 이 결과물을 소책자 형태로 출판하기로 결정했다. 자가 출판을 함으로써 그림 선택과 더불어 내용 선별이 가능해졌고 손에서 손으로 쉽게 전달 가능하면서도 저렴한 형태로 만들 수 있었다. 성차별 같은 장애물을 격파할 수는 없지만 최소한 본질은 간파할 수 있

---

*lay라는 단어에는 '전문 지식이 없는, 문외한'이라는 뜻이 있다. 다만 이 책에서는 교육을 받은 정식 의사들이 사실은 전문적인 지식을 가지고 있는 것이 아니라 권력 투쟁에서 승리함으로써 전문적이라는 타이틀을 거머쥐었다는 주장을 하고 있으므로, 문맥 상 대중들을 위해 치료술을 행했다는 뜻을 살리기 위해 '일반'으로 번역했다. (옮긴이)

다는 의미에서 우리는 자비로 세운 이 작은 출판사를 글라스 마운틴 팸플릿Glass Mountain Pamphlets이라고 불렀다. 이 활동의 중심지는 바버라의 아이들과 어른 세 명이 함께 살았던 집이었다.

최소한 "언더그라운드계의 베스트셀러"라고 불리는 「빌리지 보이스Village Voice」 같은 곳에서 이 독립 출판물은 즉각적인 성공을 거두었다. 이 책에 대한 소문은 그 당시 반체제적이었던 언더그라운드뿐만 아니라 여성 단체 네트워크를 통해서도 확산되었다. 얼마 지나지 않아 주문량이 감당할 수 없을 정도가 되었으므로 ― 당시 우리는 바버라의 어린 아들이 사용했던 팸퍼스 기저귀 박스에 담아 배송했었다 ― 새로 설립된 단체인 페미니스트 프레스가 유통을 맡겠다고 제안한 것을 감사히 받아들였다. 마침내 이 책은 프랑스어, 스페인어, 독일어, 히브리어, 일본어 그리고 덴마크어로 번역되었고 영국에서 배포되었다. 1993년에는 우리 중 한 명이 어느 정도 이 책의 인기에 힘입어 인도에서 강의 투어를 해달라는 초청을 받기도 했다. 우리는 소책자의 형태로 독립 출판을 하기로 한 결정이 옳았다고 생각했다. 독자들 말에 따르면 이 책은 실제로 병원 간호사들

사이에서 통용되었고 당시에 생겨나기 시작했던 많은 여성 서점과 여성 건강 클리닉에서 자주 발견할 수 있었다고 한다. 1973년, 페미니스트 프레스는 이 책의 자매편 같은 96페이지짜리 소책자 「불평과 질병: 병에 대한 성의 정치학Complaints and Disorders: The Sexual Politics of Sickness」도 출판하였는데 오롯이 남성에 의해서만 규정된 의학전문 지식이 19세기와 20세기 여성에게 어떤 영향을 미쳤는지에 대해 설명하고 있는 책이다.

1970년대 이후로 이용 할 수 있게 된 방대한 양의 학술 연구를 볼 때면 이따금씩 이 프로젝트를 전부 다시 시작할 수 있었으면 좋겠다는 생각이 들기도 한다(일부 새로운 연구 결과가 이 책을 인용했기 때문에 불가능할지라도 말이다!). 초기 미국에서 여성늘이 일반 치료사, 산파 및 "여의사doctressess"로 일했던 반면, 그 이후 19세기와 20세기에는 정식 의학 교육에서 여성들이 배제되었다는 자료가 현재는 많다. 오히려 근대 초 유럽에서 치료사로 일했던 여성 그리고 이로 인해 마녀로 몰려 박해 받아야만 했던 그들의 운명에 대한 자료가 더 많아지기까지 했다 — 이러한 자료는 연구를 하고 싶다는 마음을 불러일으킬 정도로 충분히 유혹적이었으며 이 연구를 위해 보낼 다년간의 시간은 분명 보람될 터였다. 이런 자료들의 상당수는 이 책에서 우리가 주장하고 있는 것을 지지하고 구체화하는 반면 일부는 원문을 갱신하고 수정해야 할 필요성을 느끼게 했다.

첫 번째로 마녀로 몰려 죽은 여성의 수와 관련된 문제인데, 우리는 그 당시 이용할 수 있었던 추정치를 사용했다 ― 당시 학자들은 보통 백만이나 그 이상의 수치를 받아들였다. 그 시체의 총수는 절대 정확하지 않겠지만, 역사학자 존 데모스John Demos는 최근 연구에서 "50,000에서 100,000 정도의 수치"를 산출해 냈다고 말한다. "결국 이 수치는 훨씬 더 많은 피해자 중 단지 일부일 뿐이었다…."라고 덧붙이기는 하지만 말이다.[1]

두 번째로 우리가 명확히 해야 할 것은 교회 그리고 국가와 관련하여 유럽 의학계가 맡았던 역할이다. 법률 및 의학계를 포함한 모든 주요 기관이 이례적으로 협력(때로는 갈등)하는 모습은 마녀재판을 통해 볼 수 있었는데, 이 주요 기관들은 고위 당국의 승인에 상당히 의존하고 있었다. 그리고 법원에서 전문적인 증언을 제공한 것이 바로 의학계였다. 예를 들어 17세기 두 교황의 주치의였던 파울루스 자키아스Paulus Zacchias는 "어디에서 의학 지식이…태아 사망 원인, 광기의 종류, 중독, 발기부전, 꾀병, 고문 [그리고] 마술…같은 문제들에 대해 교회법에 알릴 수 있는가"를 명백히 하기 위해 「의료-법 문제들Medico-Legal Questions」이라는 7권짜리 논문을 썼다.[2]

의사들은 경쟁자를 제거함으로써 이득을 보기도 했다. 의사들이 모여서 진료를 봐야 했던 유럽 도시에는 일반 치료사와 돌팔이 의사들이 넘쳐났기 때문이다. 1600년 (갈레노스파 의학의 성지인) 런던에는 의과 대학에 소속된 의사가 50명 있었는데, 이 숫자는 (외과의, 약제사, 산파 그리고 간호사를 제외하고) 생계를 위해 일하는 250명 정도의 무면허 의사들보다 훨씬 적은 수였다.[3] 런던에서 의료 행위를 규제할 권리를 주장했던 의과 대학은 1581년에 마가렛 케닉스Margaret Kennix라는 일반 치료사가 활동하는 것을 막고자 시도했었다 — 그러나 엘리자베스 여왕은 다음과 같이 선언하면서 중재했다. "당신들은 이 불쌍한 여성이 질병과 상처를 돌보고 평화롭게 일할 수 있도록 허락해야 합니다. 약용 식물[약초 치료법]을 이용하는 것은 가난한 사람들을 이롭게 하기 위해 신이 그녀에게 특별한 지식을 준 듯 보이기 때문입니다".[4] 하지만 1602년 엘리자베스 여왕이 사망한 이후에는 그녀가 옹호했던 소수자에 대한 보호는 지속되지 않았다.

우리는 남성 의사들이 여성 치료사들보다 훨씬 위험하고 덜 효과적이었다는 주장을 고수하고자 한다. 과학의 창시자인 프랜시스 베이컨(1561-1626)은 "돌팔이 의사와 나이 든 여성들"은 "교육받은 의사보다 자신들의 치료법이 훨씬 더 나은 결과를 만들어 내는 것에 만족스러워 한다"고 생각했다. 보수적인 철학자 토마스 홉스(1588-1679)는 "교육은 받았지만 경험이 없는 의사보다 차라리 수많은 환자들의 침상 곁을 지켰던 경험이 풍부한 노파에게 조언을 구하거나 약을 받는 게 낫다"고 결론 내렸다.[5]

세 번째로 우리는 마녀들이 "마녀 집회covens"나 다른 조직화된 단체에서 만났을 지도 모른다고 가정했다. 우리는 마가렛 머레이Margaret Murray를 언급하면서 "일부 저자들은 이러한 만남이 이교도의 종교적인 숭배 의식이었을지도 모른다고 추측"한다고 말한 바 있었다. 하지만 이후 머레이의 연구는 신빙성이 떨어진다고 여겨지는 추세이고, 오늘날 대부분의 학자는 마녀로 처형된 여성의 신앙심이 다른 사람들의 신앙심과 별반 다르지 않으며 마녀들이 대부분 기독교인이었다는 데에 동의하는 듯 보인다. 일부 이교도 종파나 그 흔적이 곳곳에 살아남아 있지만 이교도와 마술 혐의로 기소된 여성 사이의 연관성은 아직 불확실한 것으로 남아 있다.

마녀사냥의 배경에 있는 종교 전쟁도 다시 논의해 볼 가치가 있다. 우리는 "…마녀가 경험주의자였기 때문에, 그들의 치료가 효과적이었던 만큼 마녀-치료사witch-healer들이 사용했던 방법은 (가톨릭 교회 아니면 개신교도들에게) 굉장한 위협이었다…."라고 쓴 바 있다. 우리는 이 책에서 종교개혁과 반종교개혁 사이의 갈능에 대해 최대한 공정하게 쓰기 위해 노력했다. 하지만 개신교도들이 로마 가톨릭 교회와 싸우는 동안 그들 역시 마녀를 고문하고 박해했다는 사실에 주목해야 한다.

하지만 우리가 이러한 관점을 수정한다 하더라도 때로는 이 책의 신빙성을 깎아 내릴 목적으로 일부 학자들이 너무 멀리 간 것처럼 보이기도 한다. 예를 들어 1990년에 옥스포드 대학의 학자인 데이비드 할리David

Harley는 우리의 작품이 선구적이라고 — 하지만 좋지 않은 의미로 — 묘사하기도 했다.[6] 마녀가 때로는 민간 치료사였다는 점에 동의하면서도 할리는 영국, 스코틀랜드 및 뉴잉글랜드에서의 유죄 판결에 대한 조사를 근거로(우리가 쓸 당시 이 자료는 구할 수 없었다) 우리가 유죄 선고된 마녀 중 *산파midwives*의 비율을 과장하여 되려 산파들을 욕보이고 있으며, "현대 여성보건운동을 위해 순교한 사람들이 많다는 이미지를" 만들어 냈다고 비판했다. 네바다 대학의 예술역사학자인 제인 데이비슨Jane Davidson 같은 학자들은 데이비드 할리의 주장에 어떤 새로운 자료도 추가하지 않은 채 그대로 되풀이하는 것에 모자라 심지어는 더 설득력 없게 "박해 받은 마녀-치료사의 신화"라고 언급하기 시작했다.[7]

그 당시 우리가 이용할 수 있었던 유일한 주요 자료는 "가톨릭 교회에 산파보다 더 해로운 것은 없다"라고 선언했던 15세기 마녀 사냥꾼들의 가이드북 「마녀를 심판하는 망치The Malleus Malificarum[*]」였음은 사실이다.[8] 하지만 이용 가능해진 기록 자료를 갖춘 현재라 할

---

[*] 이 책은 「마녀를 심판하는 망치」라는 제목으로 2016년에 한국에 번역된 바 있다. (옮긴이)

지라도, 마술을 부렸다는 혐의로 고발당한 여성의 직업에 대해 학자들이 통계학적으로 확실한 일반화를 제공하는 것은 불가능하다. 대체로 유죄를 선고 받은 사람의 직업은 기록되지 않았기 때문이다.

하지만 유럽에서 마녀 사냥꾼이 마녀와 산파를 연관 지었다는 것은 부정할 수 없는 사실이다. 린들 로퍼 Lyndal Roper(종교사학자이며, 여성으로서는 최초로 영국 옥스퍼드 대학교 역사학 흠정 교수가 되었다. - 옮긴이)는 독일의 기록 연구를 바탕으로 다양한 예시를 상세하게 제시한다. 예를 들어 1590년 뇌르틀링겐Nördlingin의 한 마을에서 바버라 리에하이머barbara lierheimer라는 산파의 사례를 소개한다. "그녀가 마녀라는 소문을 내서 생계를 망쳐놓은" 한 사형 집행인 때문에 화가 난 리에하이머는 모두에게 이 사실을 알렸다. 그녀는 곧 체포되었고 모순되는 많은 부정과 자백 끝에 결국 고문 받아 죽게 되었다. 로퍼는 또한 1627년 뷔르츠부르크Würtzburg에서 "솜씨가 뛰어난 산파 하나"가 유죄 선고된 자들의 목록에 올랐고, 서기가 귀퉁이에 "그 여자가 모든 일의 원흉이다"라는 논평을 달았다고 지적한다. 로퍼는 17세기 말 아우크스부르크Augsberg에서 성십자교회의 목사가

"이 지역 산파는 마녀라고 거리낌없이 말하고 다녔고 산파가 제단으로 데려온 모든 아이에게 세례해주기를 거부했다"는 사실을 발견하기도 했다.[9]

유죄 선고를 받은 산파의 수가 어떠하든지 간에 몇몇 역사학자들은 마술으로 고발된 사람 중 일반 치료사가 만연해 있었음에 동의할 것이다. 역사학자 브라이언 레벡Brian P. Levack에 따르면 "스위스, 오스트리아, 슐레스비히-홀슈타인Schleswig-Holstein, 영국, 스코틀랜드 및 뉴잉글랜드 지역의 마술에 대한 진술 연구를 통해 우리는 마술을 부린 혐의로 기소 당한 사람의 대다수가 사실 산파wise-women*였음을 알 수 있다." 그는 "일반적으로 요리사, 치료사 그리고 산파"로 명성이 높은 여성일수록 "해로운 마술을 부린다는 혐의를 받기 쉽다"고 말한다.[10]

그러나 기소의 이유에 "해로운 마술"만 있었던 것은 아니었다. 우리가 이 책에서 지적했듯이 치료 행위나 "백마술"은 그 자체로 사탄의 추종자라는 표식이었다. 영국 개신교 목사이자 신학자인 윌리엄 퍼킨스William

---

*wise-women은 여자 주술사라는 뜻과 산파라는 뜻이 함께 있다. 그 외에도 단어의 뜻을 직역하면 현명한 여자가 되기도 한다. 같은 단어이지만 문맥에 따라 다르게 번역하였고 옆에 원 단어를 병기해 놓았다. (옮긴이)

Perkins(1558-1602)는 유럽 대륙에 있던 마술에 대한 개념을 영국과 뉴잉글랜드에 도입한 성직자 중 하나였다. 그는 "나쁜 마녀" 외에도 "나쁜 마녀"가 입힌 "상처"만을 치료하는 "좋은 마녀"가 있다고 설교하면서 다음과 같이 설명했다. "…둘 중 더 끔찍하고 가증스러운 것은 착한 마녀인데, …그들은 일반적으로 현인wisemen 또는 현명한 여인wisewomen으로 불리면서 나쁜 마녀보다 더 잘 알려져 있다. 이는 이 나라의 많은 장소에서 경험을 통해 드러날 것이다."라고 설교했다.[11]

이 책에서 다루지는 않았지만 뉴잉글랜드 식민지에서 시행된 최신 연구는 치료사와 마녀 박해 사이에 더 많은 연관성이 있음을 밝혀냈다. 데이비드 홀David D. Hall(미국 역사학자 - 옮긴이)에 따르면 17세기 뉴잉글랜드 치료사들은 마술을 부렸다는 혐의에 "특히 취약했던" 것으로 보인다. 치료란 성직자에게 하는 "죄 고백에 의지하지 않는 것"이었기 때문에 의심스러운 행위였고, 질병은 여전히 신이나 악마가 일으키는 것으로 여겨졌다.[12] 존 데모스는 뉴잉글랜드에서 마술을 시도했던 전형적인 여성의 모습을 자신이 쓴 책 「내부의 적The Enemy Within」에서 다음과 같이 기술하고 있다. "용의자 집단의 약 1/4에서 1/3정도가 특별한 '치료법'을 만들어 처방하고 전문적인 형태의 간호를 제공하거나, 산파로 정기적으로 일한 것으로 유명했다. 일부에서는 구체적으로 '여자 의사들doctor women'이라고 명시되어 있기도 했다. …이 기저에 깔려있는 연관성은 매우 명백하다. 치료할 수 있는 능력과 누군가를 해칠 수 있는 능력은 긴밀한 관련 있는 것으로 보인다." 박해로 인한 전반적인 효과에 대해 데모스는 다음과 같이 추측한다. "의심할 여지없이 근대 초기에 가장 현명한 사회 생활 방법은 — 특히 여자들에게 — 공공연하게 자기 주장을 하는 듯 보이지 않으면서 무리에 섞여 들어가는 것이다."[13]

시간이 흐른 뒤 다시 돌이켜 보았을 때 마녀사냥에 관하여 우리 머리 속에 떠오른 것은 그런 행동을 하도록 만든 기이한 신념과 피해갈 수 없었던 개인의 비극뿐만이 아니었다. 그 외에도 그들이 보여준 지식과 재능의 완전한 낭비에 대해서도 우리는 생각했다. 개개인의 여성들이 고문과 사형을 당했다는 것 외에도 결과적으로 희생자들은 치료술 또는 산파술을 빼앗겼다. 오늘날 우리가 유럽의 르네상스에서 과학 혁명의 시작으로 연결된다고 보는 그 시기에, 마녀사냥은 무지와 절망을 향해 한 걸음 후퇴하고 있었다 — 뿐만 아니라 대다수의 하층민들은 자신을 치료해 줄 전통적인 치료사 대부분을 잃었다.

여성이 자랑스럽게 여길 수도 있었을 직업과 활발한 지적 연구의 장이 될 수도 있었을 것들이 실질적으로 사라지지 않고 남아 있었을 때에는 신뢰받지 못했던 반면, 이 오랜 치료의 전통이 많이 사라지고 변방의 잔재로 남았을 때에야 비로소 이후 교육받은 엘리트들이 자연계의 잃어버린 지식을 되찾고자 노력했다.

리처드 홈스Richard Holmes(영국과 프랑스 낭만주의의 주요 인물에 대한 전기 연구로 가장 잘 알려진 영국 작가 - 옮긴이)는 18세기 중반 위대한 영국 식물학자인 조지프 뱅크스Joseph Banks에 대해 다음과 같이 기술했다. 식물학에 대한 관심 덕분에 "…뱅크스는 한 민족을 만나게 되었는데, 평소라면 뱅크스처럼 특권 계급에 속하는 이튼 학교 남학생의 눈에 잘 띄지 않았을 사람들이었다. 이들은 시골 출신의 현명한 여성wise women, 즉 "약용 식물simples"이나 약초를 채집했던 집시들이었다… 그들은 이방인이었지만 박식한 민족이었고 뱅크스는 곧 예의를 갖추어 그들을 대하게 되었다."[14]

"마녀"에 대한 억압 그리고 전보다 덜 폭력적인 방식이기는 하지만 이후 미국에서 벌어진 산파와 의사가 되고자 하는 여성을 제거하려는 노력이 재능, 교육 및 경험을 계획적으로 낭비한 역사 속 유일한 사례는 아니었다. 인류의 지적 능력의 발달은 어쨌든 딱 그 정도의 범위 내에서만 절뚝거리며 진행될 뿐이다. 왜냐하면 수상한 사람이나 집단에 대한 대량 학살, 토착 문화에 대한 식민주의적 말살 그리고 종교에 의해 강요된 무지로의 후퇴가 인류의 발달을 방해하기 때문이다. 때때로 진보적인 사람에게 부여된 중요한 임무 중 하나는 우리가 잃어버린 것을 되찾거나 적어도 짚어 내는 "보수주의자"가 되는 것이다.

  20세기 후반 여성이 맡았던 치유하는 역할을 되찾는 데에 이 책이 한 몫을 했다는 사실이 매우 자랑스럽다 ― 물론 모두 이 책 덕분이라는 말은 아니고 이 책을 탄생시킨 여성 건강운동과 더 광범위한 여성 운동과 함께 말이다. 이 책은 젊은 여성이 의과 대학에 진학하고 미국에서 산파라는 직업을 재창조할 뿐만 아니라 간호 전문직의 지위를 향상시킬 수 있도록 힘이 되어 주었다. 하지만 여성 집단만이 아니라 계급과 인종의 평등 또한 우리의 관심사였다는 점을 새로운 독자들에게 강조하고 싶다. 1970년대와 비교해 보았을 때, 오늘날 미국 의료 체계의 특징은 여성 의사가 점점 더 많아지고 있고 심지어 그들이 의사결정자로서 역할을 하기도 한다는 점이다. 하지만 이것은 또한 [자본주의적] 이윤이라는 하나의 목적을 향해 나아가는 것일 뿐이다. 가장 치료를 받아야 할 사람들이 치료받지 못해 죽어 나가는 이러한 추세가 오바마의 의료 개혁을 통해 개선되기를 바라지만, 의료 비용이 감당할만한 수준인가 그리고 의료 접근성이 좋은가라는 근본적인 문제는 여전히 남아 있을 것이다. 우리가 이뤄낸 성과가 있는 만큼, 우리에게는 분명 해결해야 할 일이 있다.

바버라 에런라이크
디어드러 잉글리시
2010년 3월

NOTES

1. John Demos, *The Enemy Within: 2000 Years of WitchHunting in the Western World* (New York: Viking, 2008), 38.
2. Andrew Wear, Lawrence I. Conrad, et al, *The Western Medical Tradition 800 bc–1800*, The Wellcome Institute for the History of Medicine (Cambridge: Cambridge University Press, 1995), 237.
3. *Ibid.*, 233.
4. *Ibid.*, 236.
5. Keith Thomas, *Religion and the Decline of Magic: Studies in Popular Beliefs in Sixteenth and Seventeenth Century England* (London: Weidenfeld and Nicolson, 1971), 14.
6. David Harley, *"Historians as Demonologists: The Myth of the Midwife-Witch," The Society for the Social History of Medicine* (1990): 1–26.
7. Jane P. Davidson, "The Myth of the Persecuted Female Healer," in *The Witchcraft Reader*, 2nd edition, ed. Darren Oldridge (New York: Routledge, 2008), 257.
8. Henricus Institoris, O.P. and Jacobus Sprenger, O.P., *The Malleus Maleficarum*, vol II, trans. and ed. Christopher S. MacKay (Cambridge: Cambridge University Press, 2006), 164.
9. Lyndal Roper, *Witch Craze* (New Haven and London: Yale University Press, 2004) 70, 33, 187.
10. Brian P. Levack, *The Witch-Hunt in Early Modern Europe*, Third Edition (Harlow, England: Pearson Longman, 1995), 146, 127.
11. William Perkins, "The Damned Art of Witchcraft," excerpted in *The Witchcraft Sourcebook* by Brian P. Levack (New York: Routledge, 2004), 94–6.

12. David D. Hall, *Witch Hunting in Seventeenth Century New England: A Documentary History 1638-1693* (Boston: Northeastern University Press, 1991), 5.
13. Demos, *The Enemy Within*, 119, 43.
14. Richard Holmes, *The Age of Wonder: How the Romantic Generation Discovered the Beauty and Terror of Science* (New York: Pantheon, 2008), 7.

첫 번째 판본 서문

첫 번째 판본 서문

 여성들은 언제나 치료사였다. 서구 역사 속에서 그녀들은 면허 없는 의사이자 해부학자였다. 그들은 낙태 시술자이자 간호사이자 상담가였으며, 약초를 재배하고 그 용도에 대한 비밀을 서로 교환하는 약사이기도 했다. 그들은 집에서 집으로, 마을에서 마을로 이동하는 산파였다. 수세기 동안 여성들은 학위만 없을 뿐 의사였지만 책을 읽거나 강의 듣는 것이 금지되어 이웃에서 이웃으로, 엄마로부터 딸에게로 경험을 전수하면서 서로 가르치고 배울 수밖에 없었다. 사람들은 그들을 "현명한 여성wise women"으로, 국가에서는 마녀나

사기꾼으로 불렀다. 그럼에도 의학은 여성들의 유산이자 역사인 동시에 여성이 타고난 권리의 한 부분을 이룬다.

그러나 오늘날 건강관리 분야는 남성 전문가들의 전유물이 되었다. 미국 의사의 93%가 남성이며, 거의 대부분이 의료 기관의 최고 책임자인 동시에 관리직을 맡고 있다.* 의료업 종사자의 70%가 여성인 점을 고려해 보았을 때 여전히 여성이 절대다수를 차지하고 있기는 하지만 상사가 남자인 이 산업에서 우리는 *노동자*로 있을 뿐이다. 여성은 더 이상 자신이 하고 있는 일에 대해 스스로의 이름을 떨칠 수 있는 독립적인 실무자가 아니다. 대부분의 경우 우리는 사무원, 식이 보

---

* AAMC(American Association of Medical Colleges, 미국의과대학협회)에 따르면 2019년 현장에서 일 하는 여성 의사의 비율이 36.3%에 이른다고 한다.(출처: https://www.aamc.org/news-insights/nation-s-physician-workforce-evolves-more-women-bit-older-and-toward-different-specialties) 반면 미국노동통계국(U.S. BUREAU OF LABOR STATISTICS)의 자료에 따르면 2020년 미국에서 RN(Registered nurses의 약자. 미국 간호사 자격 시험을 통과한 간호사를 뜻한다.) 중 여성이 차지하는 비율은 87.4%에 달한다.(출처: https://www.bls.gov/cps/cpsaat11.htm) 미국에서도 여전히 직업군 간 남녀 성비에 차이가 있음을 알 수 있다.
대한민국의 경우, 보건복지부 통계 자료에 따르면 2020년 대한민국 면허 소지 의사 129,242명 중 여성은 34,240명으로 여성이 차지하는 비율은 26.5%에 불과하다.(출처: 「보건복지통계연보」, 2021) 간호사의 남녀 비율은 보건복지통계연보에 명시되지 않아 다른 자료를 참조할 수밖에 없었다. 2022년에 발간된 보건의료인력 실태조사에 따르면 근무현황 실태조사 설문에 응답한 간호사 중 여성의 비율은 95% 이상에 달한다.(출처: 「보건의료인력 실태조사」, 2022) (옮긴이)

조원, 기술자, 가정부와 같은 특징 없는 일자리를 메우는 기관의 부품에 불과하다.

우리는 오직 간호사로서만 치료 과정에 참여할 수 있다. 조수 역할부터 그 이상에 이르는 모든 종류의 간호사는 의사와 비교했을 때 그저 "보조적인 노동자ancillary workers"에 불과하다(이 단어는 하녀라는 뜻을 지닌 *ancilla*라는 라틴어에서 유래했다). 정확함을 요구하는 간호 조무사nurses' aide의 사소한 일부터 의사의 처방을 받아 조무사에게 해야 할 일을 전달하는 "전문적인" 간호사에 이르기까지, 이들의 공통점은 유니폼을 입은 하녀의 형태로 우월한 남성 전문가들에게 서비스를 제공한다는 것이다.

무지는 이러한 종속 관계를 강화시키고, 이 무지는 *강제된 것*이다. 간호사들은 질문하지 않고 이의를 제기하지 않도록 배운다. "의사가 가장 잘 알기" 때문이다. 우리는 과학이 우리가 이해할 수 있는 한계 너머에 있는, 금지되어 있고 신비로운 복잡한 세계라고 배워 왔고 의사는 그러한 세계와 접촉하고 있는 제사장과 같다. 의료계에 종사하는 여성들은 ― 수동적이고 조용한 것이 대부분인 ― 양육과 살림과 같은 "여자다운" 일에만 국한된 채로 본인들이 행하는 업무의 과학적 본질로부터 소외되어 있다.

여성들이 순종적인 이유는 생물학적으로 정해진 것이라는 이야기를 듣곤 한다. 선천적으로 간호사 같은 존재이지 의사 같은 존재는 아니라고 말이다. 때로는 남성에게 패배하기도 전에 이미 여성이 해부학적으로 패배 *당했다*는 이론, 즉 여성은 생리 주기와 출산에 얽매여 있기 때문에 절대 집 밖에서 자유롭게 창조적인 행위를 할 수 없다는 이론으로 스스로를 납득시키기도 한다. 이 외에도 전통적인 의학의 역사가 조장한 또 다른 믿음은 남성 전문가들이 월등한 기술의 힘으로 우위를 차지했다는 것이다. 이러한 설명에 따르면 (남성적인) 과학이 ― 이 이후로 "오래된 부인들의 이야기"라고 불리게 된 ― (여성적인) 미신을 대체하는 것은 다소 자동적으로 일어날 수밖에 없는 일이 된다.

그러나 역사적으로 살펴 보았을 때 이런 이론들은 사실이 아니다. 여성은 자주적인 치료사인 동시에 대부분의 경우 여성과 가난한 이들을 위한 유일한 치료사였다. 우리는 연구를 통해 검증되지 않은 학설과 의례적인 관행을 고수하던 것이 오히려 남성 전문가였음을

— 그리고 치료에 대해 더 인간적이고 경험에 근거한 접근을 보여준 것이 여성 치료사였음을 — 밝혀냈다.

오늘날 의료 체계 내에서 여성이 차지하고 있는 위치는 "자연스러운" 것이 아니다. 어쩌다 이런 상황에 처하게 되었는 지에 대해서는 설명이 필요하다. 이 책에서 우리가 던지는 질문은 이렇다. 어떻게 우리는 이전의 주도적인 위치에서, 복종하는 현 상태에 도달하게 되었는가?

우리는 다음과 같은 사항들을 밝혀냈다. 남성 전문가가 우위를 차지하고 건강을 돌보는 여성들을 억압하게 된 것은 의료가 과학화됨으로써 자동적으로 일어난 "당연한" 과정이 아니었다. 하물며 여성들이 치료 업을 맡는 데에 실패했기 때문에 나타난 결과도 아니었다. 이것은 남성 전문가들에 의한 적극적인 *탈취*였다. 그리고 남성에게 승리를 안겨준 것은 과학이 아니었다. 결정적인 싸움은 현대 과학 기술이 발전하기 훨씬 전에 이미 일어났다.

이 투쟁으로부터 얻을 수 있는 이득은 컸다. 정치경제적으로 의학 분야를 독점한다는 것은 제도권 내 단체, 이론과 실무, 이익과 명성에 대해 통제할 수 있음을 의미했다. 게다가 의학에 대한 완전한 통제가 살게 될 사람과 죽게 될 사람, 가임과 불임, "광인"과 정상인을 결정할 수 있는 잠재력을 의미하는 오늘날, 그 이해관계는 훨씬 높아졌다.

여성 치료사에 대한 의료 기득권층의 억압은 정치적인 투쟁이었다. 먼저 일반적인 성 투쟁 역사의 일부라는 점에서 그렇다. 여성 치료사의 지위는 여성의 지위와 함께 오르내렸다. 여성 치료사에게 공격이 가해졌을 때 그들은 *여성*이라는 이유로 공격받았고, 그들이 맞서 *싸*울 때에는 모든 여성과 연대하여 맞서 싸웠다.

이것이 정치적인 투쟁인 두 번째 이유는 *계급* 투쟁의 일부라는 점에서 그렇다. 여성 치료사는 대중을 위한 의사였고, 그들이 행한 의료는 대중들의 하위 문화 중 한 부분을 이루었다. 바로 오늘날까지도 여성의 의료 행위는 기존 당국으로부터 자유로워지기 위해 분투하는 하층민들의 저항운동 가운데에서 번성해 오고 있었다. 반면 남성 전문가들은 — 의학적, 정치적으로 모두 — 지배 계급을 위해 봉사했다. 대학, 자선단체, 그리고 법은 그들이 취할 이득을 확대시켰다. 남성 전문가가 승리할 수 있었던 것은 — 자신들이 들인 노력이 아니라 — 그들이 봉사했던 집권층의 개입에 빚지고 있다.

이 소책자는 의료 종사자로서 여성의 역사를 되찾기 위해 반드시 행해져야 할 연구가 시작되었음을 의미한다. 이 책은 대체로 개략적이고 종종 편향되어 있는 자료들을 "전문적인" 역사학자가 아닌 여성들이 모아 단편적으로 설명한 것이다. 오늘날 우리가 마주하고 있는 있는 관습은 서구 문명의 산물이기 때문에 우리는 서구 역사만을 다루었다. 또한 이 책은 연대기적 역사를 완벽하게 보여줄 수 있는 것과는 거리가 멀다. 대신 우리는 남성들이 건강 관리에 대한 [주도권을] 탈취하는 과정에 있어 중요한 국면을 둘로 나누어 조사했다. 바로 중세 유럽의 마녀 억압 그리고 19세기 미국 남성 의학 전문가들의 부상으로 말이다.

우리의 역사를 안다는 것은 곧 투쟁을 다시 이어나갈 방법을 알기 시작한다는 것을 의미한다.

중세 시대의
마술과 의학

중세 시대의
마술과 의학

 현대 의학이 발전하기 훨씬 전부터 마녀가 살고 있었고 그들은 화형을 당했다. 마녀 중 상당수는 전문적인 교육을 받지 않은 일반 치료사로서 농민들을 돌보았기 때문에, 마녀에 대한 억압은 남성이 여성 치료사를 억압하는 역사의 포문을 여는 싸움을 의미했다.

 치료사 역할을 하던 마녀에 대한 억압의 이면에는 지배 계급의 보호와 후원 하에 이루어진 새로운 남성 의학 전문가의 탄생이 있었다. 이 새로운 유럽 의학 전문가는 마녀 박해자들에게 "의학적" 근거를 제공함으로써 마녀사냥에서 중요한 역할을 했다.

> …왜냐하면 중세 교회가 왕, 군주 및 세속 당국의 지원을 받아 의학 교육과 실무를 통제했기 때문에 특히나 종교 재판[마녀사냥]은 "전문가" 집단이 의학 기술을 거부하고 가난한 자들을 보살피는 "비전문가"의 권리를 침해한 초기 사례에 해당한다고 볼 수 있다.
>
> - 토마스 사즈, 「광기의 제조」[*]

마녀사냥은 지속적인 효과를 남겼다. 여성의 어떤 부분과 마녀 사이의 연관성은 그 이후로도 줄곧 이어져 왔고 그들이 감염을 일으킬지도 모른다는 불안이 — 특히 산파와 다른 여성 치료사들 주변에 — 여전히 남아 있었다. 초창기에 독립적인 치유 역할을 하던 여성을 이렇게 강력하게 배제시킨 것은 끔찍한 선례와 경고로 남았고 이것은 우리 역사의 주제가 되었다. 오늘날 여성보건운동을 거슬러 올라가 보면 그 뿌리에는 마녀사냥이 있는 반면, 그 반대자들의 기원에는 마녀를 제거하려 무차별적으로 노력한 자들이 있었다.

---

[*] Thomas Szasz, 「The Manufacture of Madness」, 1970.

마녀 열풍

 독일에서부터 영국에 이르기까지 마녀사냥의 시대는 4세기(14세기부터 17세기까지) 이상에 걸쳐 이어졌다. 이는 봉건제도 속에서 태동했으며 더욱 악의적인 성격을 띠면서 "이성의 시대"까지도 지속되었다. 마녀 열풍은 시간과 장소에 따라 다른 양상을 띠었지만 그 본질적인 특성은 절대 잃지 않았는데, 그것은 바로 여성 농민 인구를 향한 지배 계급의 공포 조장 정책이었다. 마녀는 국가뿐 아니라 개신교와 가톨릭 교회에도 정치적, 종교적, 성적 위협을 의미했다.

 마녀 열풍의 범위는 놀라울 정도다. 15세기 후반과 16세기 초반 독일과 이탈리아를 비롯한 다른 나라에서는 수천 건의 사형 집행이 — 보통 산 채로 화형에 처하는 형태로 — 이루어졌다. 16세기 중반에 이 공포는 프랑스 그리고 최종적으로는 영국에까지 퍼져나갔다. 어떤 저자는 독일 특정 도시들에서 일어난 사형 집행 건수를 1년에 평균 600명 정도로 추정하기도 한다. 하루 두 번, "일요일은 제외하고" 말이다. 뷔르츠부르크(독일 남중부 바이에른주에 있는 도시 - 옮긴이) 지역에서는 한 해에 900여 명의 마녀들이 죽어 나갔고, 코모(이탈리아 북부에 있는 롬바르디아주에 있는 도시 - 옮긴이)와 그 주변에서는 1000명 정도가 죽었다. 툴루즈(프랑스 남부 가론강 중류 북쪽 기슭에 있는 도시 - 옮긴이)에서는 하루 사이에 400명이 처형 당했다. 1585년 대주교의 관할 지역이었던 트리어(독일 남서부 라인란트팔츠주에 있는 도시 - 옮긴이)에서는 두 개의 마을에 각각 오직 한 명의 여성만이 남아 있었다. 많은 저자들이 살해당한 마녀의 총수가 수백만 명에 이를 것이라고 추정했다. 처형당한 사람들의 약 85%는 여성들이 — 나이든 여성, 젊은 여성, 그리고 어린아이들 — 차지했다.[1]

이 범위만 보더라도 마녀사냥이 의학의 역사보다 훨씬 오래된 뿌리 깊은 사회적 현상이었음을 알 수 있다. 장소와 시기 상 가장 악의적이었던 마녀사냥의 근저에는 봉건주의를 뒤흔드는 거대한 사회적 격변기와 — 대규모 농민 봉기와 음모 세력들, 자본주의의 시작, 개신교의 출현 — 관련이 있었다. 증거가 단편적이기는

---

[1] 이 논의에서 1600년대 뉴잉글랜드에서 벌어진 마녀재판에 대해서는 언급하지 않고 있다. 이 재판들은 비교적 작은 규모로, 마녀사냥 역사 상 아주 늦게 발생했을 뿐만 아니라 초기 유럽 마녀 열풍과는 전혀 다른 사회적 맥락 속에 있기 때문이다.

하지만 페미니스트들은 마술이 일부 지역에서 여성들이 주도한 농민 반란이었다는 주장에 대한 후속 작업을 해야 한다. 여기에서 마녀사냥에 대한 역사적 맥락을 깊이 탐구하는 시도를 할 수는 없다. 그러나 우리는 마녀 열풍에 대한 일반적인 미신을 넘어서야 한다. 마녀의 존엄성을 빼앗고 그녀와 그녀가 봉사했던 농민들에게 죄를 뒤집어 씌우는 미신들 말이다.

불행하게도 가난하고 문맹이었던 마녀는 우리에게 자신의 이야기를 직접 남겨주지 않았다. 모든 역사가 그러하듯 교육받은 상류층에 의해 기록되었고 따라서 오늘날 우리는 오직 박해자의 눈을 통해서만 마녀에 대해 알 수 있다.

마녀사냥을 설명하는 가장 일반적인 두 개의 이론은 의학적인 해석에 기반하고 있으며, 마녀 열풍을 설명할 수 없는 집단 히스테리의 발병으로 본다. 한 가지 이론은 농부들이 미쳤다는 것이다. 이러한 설명에 따른다면 마녀 열풍은 집단적인 증오와 공포가 급격히 확산된 것이었으며, 이것은 불타는 횃불을 들고 피에 굶주린 농민 폭도의 이미지 속에 나타난다. 다른 정신의학적 이론은 마녀들이 정신이상자였다는 주장이다.

권위 있는 정신의학자이자 역사학자인 그레고르 질보르크Gregor Zilboorg는 다음과 같이 기술했다.

> …수백만 명의 마녀, 마술사, 무언가에 홀리고 귀신들린 사람들은 심각한 신경증을 앓고 있는 사람들[이자] 정신병자들이었다… 수년 동안 세상은 정말이지 정신병원처럼 보였다…

그러나 사실 마녀 열풍은 린치를 가하는 단체 lynching party도 히스테리 여성들의 집단 자살도 아니었다. 그것은 오히려 질서 정연하고 합법적인 절차를 따른 것이었다. 마녀사냥은 교회와 국가가 개시하고 재정적으로 지원하여 실행한 잘 조직화된 운동이었다. 마녀사냥을 수행하는 방법에 대해 의심할 여지 없는 권위를 지닌 것은 수도사 크라머와 슈프랭거(교황 이노첸시오 8세의 "사랑하는 아들들")가 1484년에 쓴 「말레우스 말레피카룸Malleus Maleficarum」, 즉 「마녀를 심판하는 망치」였고 여기에는 가톨릭과 개신교의 구분이 없었다. 3세기 동안 이 가학적인 책은 모든 판사와 모든 사냥꾼들의 재판관이 되어 주었다. 사법 절차가 이루어지는 긴 시간 동안 이 지침은 어떻게 "히스테리"가 시작되는 지를 분명히 밝히고 있다. 마녀재판을 시작하는 일은 목사(성직자) 아니면 그 지역 판사에 의해 수행되었고 주최자는 다음과 같이 공지했다.

> 만약 이단이나 마녀로 알려진 누군가에 대해 알고 있거나 보거나 들은 사람이 있다면 또는 국가에 손실을 입히기 위해 인간, 소 혹은 대지의 과실에 해를 가하는 행위가 특히나 의심되는 것은 무엇이든… 12일 이내에 우리에게 알릴 것을 지시, 명령, 요구, 촉구한다.

마녀를 신고하지 않은 사람이라면 누구나 추방과 많은 잠벌을 겪어야 했다.

이러한 협박성의 경고로 인해 최소 한 명의 마녀가 드러났다면, 그 마녀재판은 더 많은 마녀를 밝혀내는 데에 사용될 수 있었다. 크래머와 슈프랭거는 자백과 추가 혐의를 강요하기 위한 고문 사용에 대해 상세한 지침을 제시했다. 보통 기소된 사람들은 나체로 묶여 몸에 있는 모든 체모를 제거당하고 엄지손가락을 죄는 고문 기구와 고문대, 뼈를 으스러뜨리는 못이 달린 "부츠" 및 굶주림과 구타를 겪었다. 요점은 명백하다. 마녀 열풍은 농민들 사이에서 자발적으로 발생한 게 아니었다. 이것은 지배 계급의 계산된 공포 작전이었다.

▌마녀의 범죄

그렇다면 마녀는 누구였고 대체 어떤 "범죄"를 저질렀길래 상류층 사람들이 그토록 잔인하게 억압했던 것일까? 마녀사냥이 수세기에 걸쳐 일어나는 동안 "마술"을 부렸다는 혐의가 다양한 죄악을 아우르게 되었다는 것에는 의심할 여지가 없다. 그 죄악의 범위는 정치적 전복과 종교적 이단에서부터 음탕함과 신성모독에 이르기까지 다양했다. 하지만 북유럽 전역에 걸친 마술의 역사 속에서, 중점적인 기소 사유 세 가지가 반복적으로 등장한다. 첫째, 마녀들은 남성을 대상으로 생각할 수 있는 모든 성 범죄로 기소되었다. 쉽게 말하자면 여성이 성생활을 했다는 이유로 마녀들은 "기소"되었던 것이다. 둘째, 그들은 조직화되었다는 이유로 고발당했다. 세 번째로, 그들은 건강에 — 해롭지만 치료적이기도 한 — 영향을 미치는 마술적인 힘을 지녔다는 혐의를 받았다. 그들은 특히 의학과 산과

obstetrical 기술을 가지고 있다는 혐의를 자주 받았다.

먼저 성 범죄 혐의에 대해 생각해보자. 중세 가톨릭 교회는 성차별주의를 원칙의 수준으로까지 격상시켰다. 「마녀를 심판하는 망치」는 "여성이 혼자 생각을 하고 있다면, 그녀는 악에 대해 생각하는 중이다."라고 공표했다. 만약 마녀 열풍 자체만으로 교회의 여성 혐오를 증명할 수 없다면 다음과 같은 교회의 가르침으로 입증될 수 있다. 교회는 성교 중에 남성은 영혼을 완벽히 갖춘 호문쿨루스, 즉 "작은 인간"을 여성 안에 집어넣고 아홉 달 동안 자궁은 단순히 거처로만 제공될 뿐 어머니의 특성을 전혀 물려받지 않는다고 가르친다. 그러나 호문쿨루스는 남성의 손길이 다시 닿기 전까지는, 즉 사제가 불멸하는 영혼의 구원을 보증하는 세례를 주기 전까지는 결코 안전하지 않다. 일부 중세 종교 사상가들이 지녔던 또 다른 암울한 환상은 모든 인간이 부활할 때에는 남자로 다시 태어나리라는 것이었다.

교회는 여성과 섹스를 연관시켰고 모든 성적 쾌락은 오직 악마로부터만 나올 수 있었기 때문에 기소 사유가 되었다. 마녀들은 악마와의 성교를 통해 쾌락을 얻는다고 (악마가 얼음처럼 차가운 음경을 가지고 있다고 알려졌음에도 불구하고) 여겨졌으며, 결과적으로 그들이 남성을 감염시킨 셈이었다. 따라서 남자든 부인이든 성욕은 여성의 탓이었다. 다른 한편으로 마녀들은 남성들에게 발기부전을 일으키고 페니스를 사라지게 했다는 죄로 기소되었다. 여성의 성과 관련해서는 사실상 피임을 돕고 낙태를 시행했다는 명목으로 마녀는 기소되었다.

> 교황 칙서Papal Bull에서도 말하고 있듯이, 현재 그들이 성병을 불러일으키는 행위와 자궁 내 착상을 방해하는 마술에는 일곱 가지 방법이 있다. 첫째, 남성들men의 마음에 과도한 정념을 주입함으로써, 둘째, 생식 능력을 방해함으로써, 셋째, 그 행위에 적합한 구성원을 제거함으로써, 넷째, 마력을 사용하여 남성들men을 짐승으로 변화시킴으로써, 다섯째, 여성의 생식 능력을 파괴함으로써; 여섯째, 낙태를 주선함으로써, 일곱째, 아이들을 악마에 제공함으로써, 그 외에도 대지의 다른 동식물들에 더 많은 해를 끼치는 것을 통해…
> 「마녀를 심판하는 망치」

교회의 관점에서 보았을 때 마녀가 지닌 모든 힘은

궁극적으로 그녀의 성생활에서 기인한 것이었다. 마녀의 경력은 악마와의 성관계로부터 시작되었다. 각각의 마녀는 총회(악마의 연회witches' Sabbath)에서 승인받을 수 있었는데, 대체로 염소 모습을 한 악마가 그 총회를 주최하였으며 그 곳에서 악마는 새로 온 사람들과 성관계를 가졌다. 힘에 대한 대가로 마녀는 충실히 그를 섬길 것을 약속했다. (교회의 상상 속에서는 심지어 악조차도 궁극적으로 남성의 지배 하에 있다고 생각될 수밖에 없었다!) 「마녀를 심판하는 망치」가 분명히 밝히는 바에 따르면 악마는 에덴 동산에서 했던 것처럼 거의 대부분 여성을 이용하여 행동을 취한다.

> 모든 마술은 여성 안에 있는 만족을 모르는 색정으로부터 나온다… 그러므로 그들은 그 색정을 중속시키기 위해 악마와 어울린다… 마술의 이단에 감염된 여성이 남성보다 훨씬 많은 것이 놀랄 일이 아니라는 점은 충분히 명백하다… 그리고 여태까지 그렇게 큰 범죄로부터 남성을 지켜낸 고귀한 자는 신의 축복을 받은 것이다…

마녀가 그저 단순히 여성만을 의미하지는 않는다. 그들은 거대한 비밀 사회를 조직한 것처럼 보이는 여성들이었다. "악마의 파티"에 참여한 것으로 입증된 마녀는 홀로 활동했던 마녀보다 더 끔찍하게 여겨졌고 마녀사냥 문헌은 마녀의 "안식일Sabbaths"에 무슨 일이 일어났는가에 대한 질문에 집착한다. (세례 받지 않은 아이 먹었는가? 수간과 집단 성행위? 그래서 그들의 끔찍한 추측은 어떻게 되었는가…)

실제로 마녀로 기소된 여성들이 작은 집단을 이루며 국지적으로 만났고 이 작은 집단들이 축제날 수백 또는 수천의 군중으로 합쳐졌다는 증거가 있기는 하다. 일부 저자들은 이 모임이 이교도 숭배와 관련된 중요한 행사였다고 추측한다. 이 모임이 또한 약초에 대한 지식을 교환하고 새로운 소식들을 전달하기 위한 것이기도 하다는 점에는 의심할 여지가 없다. 마녀 조직이 정치적으로 중요했는지에 대한 증거는 거의 없지만 그렇다고 그들이 그 시대의 농민 반란과 관련이 없다고 생각하기는 힘들다. 어떤 농민 조직이 되었든 그저 조직을 구성하는 것만으로도 반체제 인사를 끌어들이고 마을 간의 소통을 늘리며 농민들 사이에서 집단성과 자율성의 정신을 구축할 수 있었을 것이다.

▍치료사로서의 마녀

이제 여성은 모든 죄목들 중에서도 가장 기상천외한 고발의 대상이 된다. 마녀는 살인과 독살, 성 범죄와 음모뿐만 아니라 *도움을 주고 치료를 해주었다*는 이유로도 기소되기에 이른다. 선두적인 영국 마녀 사냥꾼은 다음과 같이 말한다.

> 결론적으로 죽이고 고문하는 자들뿐만 아니라 모든 점쟁이, 매력적인 사람, 곡예사, 모든 마술사, 일반적으로 현명한 남성wise men과 현명한 여성wise women으로 불리는 사람들도 마녀로 이해해야 한다는 사실을 항상 잊지 말아야 한다… 그리고 우리는 다치게 하지 않고 선행을 베풀고, 망치거나 파괴하지 않는 대신 생명을 구하고 출산을 돕는 좋은 마녀들이 그만큼 있다는 점에 대해서도 생각한다… 모든 마녀들이, 특히나 축복받은 마녀가 죽임을 당한다면 그것은 이 땅에 천만 배나 이로운 일일 것이다.

마녀-치료사witch-healers는 의사도 없고 병원에도 가지 못하는 사람들 및 가난과 질병으로 심각하게 고통받는 사람들이 주로 찾을 수 있는 유일한 일반 의료 실무가였다. 특히나 마녀와 산파 사이의 연관성은 마녀사냥꾼 크래머와 슈프랭거가 "산파보다 가톨릭 교회에 해로운 것은 없다"라고 쓸 정도로 강력했다.

교회 자체만으로는 고통받는 농민들에게 제공할 수 있는 게 거의 없었다.

> 일요일마다 미사 후 아픈 사람들이 떼 지어 몰려와 도움을 요청했다. — 그러나 그들이 들을 수 있는 말이라고는 이것뿐이었다. "당신은 죄를 지었고 그래서 신이 당신에게 고통을 준 것이다. 내세에서 훨씬 덜 고통받게 될 테니, 신께 감사드려야 한다. 참고, 고통받다가, 죽어라. 교회가 죽은 자들을 위해 기도 하고 있지 않은가?"
> — 쥘 미슐레, 「악마숭배와 마녀」*

가난한 자들의 고통과 마주했을 때면 교회는 현세에서 겪는 것들이 덧없고 중요하지 않다는 종교적 교리에 의지했다. 하지만 거기에는 이중 잣대가 있었는데,

---

* Jules Michelet, 「Satanism and Witchcraft」 1863. 책에 소개된 것은 영역본으로 원서인 프랑스어 판본은 「La Sorcière」라는 제목으로 1862년 출판 되었다.(옮긴이)

상류층이 의학적 치료를 받는 것에 대해서는 교회도 반대하지 않았기 때문이다. 왕과 귀족들은 궁 내에 남자 의사를 두었고 그들은 때때로 성직자이기도 했다. 진정한 문제는 통제였다. 상류층 남성이 시행하는 치료는 교회의 지원 하에 허용되었던 반면, 여성이 시행하는 치료는 농민들의 하위 문화의 일환이었으므로 허용되지 않았다.

교회는 농민 치료사peasant healers에 대한 공격을 의술이 아닌 *마*술에 대한 공격으로 간주했다. 악마가 지상에서 실질적인 힘을 발휘한다고 믿었으므로 농민 여성들이 그 힘을 사용하는 것은 ― 좋든 나쁘든 간에 ― 국가와 교회에 위협적이었다. 농민 여성을 돕는 사탄이 힘을 키울수록 여성들은 점점 더 신과 교회에 의지하지 않고 신의 명령에 반하여 그 힘을 잠재적으로 더 많이 사용할 수 있게 되었다. 아픈 사람을 고쳐 달라는 기도만큼 마법 주문도 최소한 치료적이기는 하다고 여겨졌다. 다만 기도는 교회의 허가와 통제 하에서 이루어지는 반면 주술과 주문은 그렇지 않았다. 따라서 마술을 통한 치료는 성공했을 때조차도 신의 의지에 반하는 저주받은 방해이자 악마의 도움으로 얻어진 것이었으며, 치료 그 자체가 악이었다. 분명 주님께서는 농민 여성보다는 성직자와 의사들을 통해 힘을 발휘하셨을 것이기 때문에 신이 행한 치유와 악마가 행한 치유를 구분하는 데에는 전혀 문제가 없었다.

산파wise woman 혹은 마녀는 여러 해 동안 사용함으로써 검증된 많은 치료법을 가지고 있기도 했다. 마녀들이 개발한 많은 약초 치료법은 여전히 현대 약리학에서 그 자리를 차지하고 있다. 그들은 진통제, 소화제 그리고 소염제를 사용했다. 출산의 고통은 이브가 지은 원죄에 대해 신이 내리는 정당한 벌이라고 교회가 주장할 때, 마녀들은 출산의 고통을 경감시키기 위해 맥각ergot을 사용했다. 맥각 유도체는 오늘날 출산을 촉진시키고 분만 후 회복을 돕기 위해 사용되는 주요 약제이다. 유산할 위험이 있을 때 마녀-치료사들witch-healers은 자궁 수축을 억제하기 위해 — 오늘날까지도 진경제로 사용되는 — 벨라도나Belladonna를 이용했다. 여전히 심장 질환을 치료하는 데 중요한 약물인 디기탈리스Digitalis는 영국 마녀가 발견했다고 한다. 그러나 의심할 여지없이 마녀의 다른 치료법 대부분은 순전히 마술일 뿐이었고 그들이 본 효과는 — 만약 정말로 효과가 있었다면 — 세간에 떠도는 소문 탓이었다.

마녀가 경험주의자였기 때문에 치료가 효과적인 결과를 내는 만큼 마녀-치료사가 사용한 방법은 (가톨릭 교회 아니면 개신교도에게) 굉장히 위협적이었다. 마녀는 믿음이나 교리보다는 자신의 감에 의존했고, 시행 착오 그리고 원인과 결과를 믿었다. 이런 태도는 종교적으로 수동적인 것이 아니라 적극적으로 질문하는 것이었다. 마녀는 질병, 임신 및 출산을 다루는 방법을 찾을 수 있는 자신의 능력을 믿었다 — 약물을 통해서든 마술을 통해서든 말이다. 요컨대 마녀가 사용한 마술은 그 시대의 과학이었다.

그에 반해 교회는 경험에 의한 것을 매우 반대했다. 물질적 세계의 가치를 믿지 않았고 감각에 대해 깊은 불신을 가지고 있었다. 세계는 매 순간 신에 의해 새롭게 창조되기 때문에 물리적 현상을 지배하는 자연 법칙을 찾는 것은 의미가 없었다. 크래머와 슈프랭거는 「마녀를 심판하는 망치」에서 감각의 기만성에 대해 성 아우구스티누스St.Augustine를 인용한다.

　　…이제 욕망의 동기는 감각 또는 지성을 통해 인지되

는 무엇이며 이 감각과 지성은 악마의 힘에 지배를 받는다. 이 책 83페이지에서 아우구스티누스는 다음과 같이 말한다. 악마가 지닌 이 악함은 모든 감각을 통해 접근하고 스며든다. 그는 다양한 형상으로 자신을 드러내고 색깔에 맞춰 자기 자신을 변화시키며 소리에도 달라붙는다. 분노와 악의에 찬 대화에 몸을 숨기고 냄새에 깃들어 있으며 맛에도 스며 들어 이해에 이르는 모든 통로를 안개로 가득 채운다.

감각은 악마의 놀이터이자, 사람들men을 신앙으로부터 멀어지도록 유혹하고 지성의 자만함이나 성욕에 현혹되도록 꾀어내는 영역이다.

마녀 박해 속에서 드러난 교회의 반(反)경험주의와 여성 혐오, 반(反)성애적인 강박 관념은 서로 부합하는데 그 이유는 다음과 같다. 경험주의와 성생활은 둘 다 감각에 굴복한 것이자 믿음에 대한 배신을 의미했다. 마녀는 세 가지 측면에서 교회에 위협적이었는데, 먼저 마녀는 여자이면서도 그 사실에 대해 부끄러워하지 않았다. 두 번째로는 그들은 여성 농민이 조직한 지하 단체에 속한 것처럼 보인다는 점이다. 마지막으로 마녀는 경험적 연구에 기반하여 실무를 행하는 치료사였다. 기독교의 억압적인 운명론에도 불구하고, 그들은 이 세상이 변할 수 있으리라는 희망을 놓지 않았다.

유럽 의학 전문가의 부상

마녀가 민간인을 대상으로 치료하는 동안 지배 계급은 자신들만의 세속적인 치료사secular healer, 즉 대학에서 교육받은 의사를 양성하고 있었다. "마녀 열풍"이 시작되기 전인 13세기 유럽에서 의학은 세속적인 secular 과학과 *전문직*으로 확고히 자리잡기 시작했다. 마녀사냥이 시작되기 훨씬 전부터 의학계는 ― 예를 들어 대학에서 입학시키지 않는 것과 같이 ― 적극적으로 여성 치료사를 제거하는 일에 활발히 관여했.

5세기에서 13세기에 이르기까지 8세기 동안 속세를 초월한 교회의 반의학적 태도는 의학이 존경받는 전문직으로 발전하는 것을 가로 막았다. 그리고 13세기가 되어서야 아랍 세계와 접촉함으로써 학문의 부흥이 시작되었다.* 의과 대학이 대학에 등장했고 점점 더 많은 부유한 남성들이 의학 교육을 받기 위해 노력했다. 교회는 이 새로운 전문직종을 강력히 통제하면서 가톨릭 교리가 정한 조건 내에서만 발전하도록 허용했다. 대학 교육을 받은 의사들은 신부에게 도움과 조언을 구하지 않고 환자를 진료하거나, 고해 성사를 거부한 환자를 치료할 수 없었다. 몸에 대한 관심이 영혼을 위협하지 않는다는 것을 보여주기 위해 의사들이 지속적으로 노력하기만 한다면, 14세기까지 부자들 사이에서 의사들의 진료는 수요가 있었다. 하지만 실제로는 당시 의사가 행했던 의학적 실무 때문에 몸이 위태로워졌을 가능성이 더 높아 보인다.

중세 후기 의학 수련 과정에는 교회의 교리와 상충되는 부분이 전혀 없었고 우리가 "과학"이라고 인식할 만한 것 또한 거의 없었다. 의과 대학 학생들은 다른 학구적인 젊은 신사들과 마찬가지로 플라톤, 아리스토텔레스 및 기독교 신학을 배우는 데에 수 년을 보냈다. 당시 의학 이론은 고대 로마 의학자 갈레노스Galen의 업적에 상당 부분 국한되어 있었는데, 그는 "그러프

---

* 로마 제국이 멸망한 후 서구에서는 그리스인들이 남긴 철학과 과학이 대부분 상실되었지만, 아랍의 이슬람 문화권에서는 보존되었다. 따라서 중세 시대 천문학, 수학, 의학, 광학 등 대부분의 분야에서 아랍 과학자들은 가장 선진적인 학자들이었다고 할 수 있다. (옮긴이)

로 담즙질choleric은 화를 잘 내고, 다혈질sanguine은 친절하고, 흑담즙질melancholy은 질투심이 강하며," 등과 같이 인간의 "혈색" 또는 "기질" 이론을 강조했다. 학생 시절에 의사들은 거의 환자를 보지 않았고 어떤 종류의 실험도 배우지 않았다. 의학은 수술과 뚜렷이 구분되었는데 수술은 거의 어디서든 품위를 떨어뜨리는 하찮은 일로 여겨졌으며 신체를 절개하는 것은 당치도 않은 일이었다.

 아픈 사람을 볼 때면, 대학 교육을 받은 의사들은 미신 말고 해줄 수 있는 것이 거의 없었다. 출혈은 일반적인 치료였고 특히 상처의 경우 그랬다. 적절한 시기, 기간, 공기 그리고 그 외에 다른 비슷한 고려 사항들에 따라 거머리가 치료법으로 적용되었다. 의학 이론은 관찰보다는 "논리"에 기반한 경우가 많았다. "일부 음식은 좋은 체액을 가져다 주고 어떤 음식들은 악한 체액을 가져다 준다. 예를 들어 한련nasturtium(후추 맛이 나는 향신료 – 옮긴이), 겨자, 마늘은 붉은 담즙을 생산한다. 렌틸콩, 양배추 그리고 늙은 염소고기와 소고기는 검은 담즙을 만들어낸다." 주문과 종교 의식에 준하는 것들도 효과적이라고 여겨졌다. 에드워드 2세(잉글랜드 최초의 왕가인 플랜태저넷 왕가의 왕 - 옮긴이)의 주치의는 옥스포드 대학에서 신학 학사 학위와 의학 박사 학위를 취득했는데, 치통에 "성부와 성자와 성령의 이름으로, 아멘."이라는 글귀를 적거나 바늘을 애벌레에 댄 다음 치아에 대는 것을 치료법으로 처방했다. 자주 사용되었던 나병 치료법은 돌이 많은 마른 땅에서 잡은 검은 뱀의 살점으로 만든 수프였다.

마녀-치료사가 "마술"을 부렸다는 혐의로 기소되었던 바로 그 당시에 의료 "과학"이란 그런 상태였다. 의사들이 여전히 점성술을 통해 질병을 예측하고자 하고 연금술사들이 납을 금으로 바꾸려는 시도를 하고 있는 동안, 뼈와 근육, 약초와 약물에 대한 폭넓은 이해를 발달시킨 것은 마녀였다. 마녀의 지식은 참으로 대단해서 1527년 "현대 의학의 아버지"로 여겨지는 파라켈수스Paracelsus는 "내가 알고 있는 모든 것은 마녀로부터 배운 것이었다"고 고백하며 약학에 대한 자신의 글을 태워 버리기도 했다.

여성 치료사에 대한 억압

대학 교육을 필요로 하는 전문직으로서의 의학이 확립되면서 여성이 실무에 종사하는 것을 합법적으로 금지하기가 쉬워졌다. 거의 예외 없이 대학은 여성에게 (여유 있는 상류층 여성들에게 조차도) 닫혀 있었고, 대학 교육을 받은 의사를 제외한 모든 실무 종사자를 금지하기 위해 면허법이 제정되었다. 일반 치료사들이 많은 반면 대학 교육을 받은 의사는 소수였기 때문에 면허법을 일관성 있게 시행하는 것은 불가능했다. 하지만 그 법은 선택적으로 *사용될 수 있었다*. 그들의 첫 번째 표적은 농민 치료사가 아니라, 같은 도시 환자를 두고 대학 교육을 받은 의사들과 경쟁했던 글을 읽고 쓸 줄 아는 여성 치료사였다.

예를 들어 1322년에 파리 대학의 의학부가 불법 의료 행위 혐의로 재판에 회부했던 자코바 펠리시Jacoba Felicie의 사례를 살펴보자. 자코바는 읽고 쓸 줄 알았고 의학과 관련하여 구체적으로 정해지지 않은 "특별 훈련"을 받았다. (법정에서 증언한 바와 같이) 그녀에게 가기 전 환자들이 대학 교육을 받은 유명한 의사들과 상담했다는 사실을 미루어 보았을 때, 그녀가 보았던 환자들이 부유했음은 분명하다. 자코바가 받은 주요 혐의는 다음과 같다.

> …그녀는 내과적 질환과 상처 또는 외부 농양external abscess이 있는 환자를 치료했다. 그녀는 성실하게 아픈 사람들을 방문했다. 계속해서 의사가 하는 방식으로 소변을 검사하고 맥박을 확인했으며 신체와 사지를 촉진했다.

증인 여섯 명이 수많은 의사들이 포기하고 난 뒤에도 자코바가 자신들을 치료했다고 증언했고 한 환자는 파리에 있는 어떤 숙련된 의사나 외과 의사보다도 그녀가 수술과 의학 기술에 정통하다고 단언했다. 하지만 그녀는 실력이 없어서가 아니라 감히 — 여성이 — 치료를 했다는 사실에 대해서 혐의를 받았으므로 이런 증언들은 오히려 그녀에게 불리하게 작용했.

같은 선상에서 영국 의사들은 "전문직업을 강탈하려는 쓸모 없고 주제 넘은 여성들"에 대해 비통해 하면서 "의학 과학을 실천하려고" 시도하는 모든 여성들에게

벌금을 부과하고 "장기 구속"을 요청하는 탄원서를 의회에 제출했다. 14세기 즈음에는 의료계가 벌인 도시 내 교육받은 여성 치료사를 반대하는 조직적 활동이 사실상 유럽 전역에 걸쳐 완수되었다. 남성 의사들은 상류층 내에서 의료 실무에 대한 독점권을 거머쥐었다 (산과의 경우는 예외였는데, 상류층 사이에서도 산과는 이후 3세기 동안 여성 산파의 영역으로 남아 있었다). 그들은 이미 많은 여성 치료사를 — 바로 "마녀" — 제거하는 일에 핵심적인 역할을 맡을 준비가 되어 있었다.

교회, 국가 및 의료계 간의 협력이 절정에 이른 것은 마녀재판에서였다. 의사는 모든 재판 과정에 과학적인 인상을 제공함으로써 의학 "전문가"로 참여했다. 그는 어떤 여성이 마녀인지 그리고 어떤 고통이 마술에 의해 야기된 것인지에 대해 판단해 달라는 요청을 받았다. 「마녀를 심판하는 망치」에는 다음과 같은 이야기가 나온다. "그리고 질병이 마술에 의한 것인지 아니면 어떤 자연적인 육체적 결함으로 인해 초래된 것인지 구별하는 게 어떻게 가능한가를 묻는다면, 우리의 대답은 이렇다. 첫 번째 [방법]은 *의사의 판단*에 따르는 것이다…" [강조 추가]. 마녀사냥을 통해 교회는 비전문적인 치료란 이단과 다름없다고 비난하면서 의사의 전문성을 명시적으로 정당화했다. "만약 어떤 여성이 *배우지도 않은 채로* 감히 치료하고자 시도한다면 그 여자는 마녀이고 죽어야만 한다." (물론 여성이 공부할 수 있는 길은 그 어디에도 없었다.) 마지막으로 의사가 일상적으로 진료를 보는 일에 실패했을 때 마녀 열풍은 편리한 변명거리가 되어 주었다. 바로 의사가 치료할 수 없는 모든 것은 분명 주술의 결과 때문이라는 핑계를 말이다.

재판에서 드러난 마녀와 의사의 바로 그 역할 차이가 "여성적" 미신과 "남성적" 의학 사이의 구분을 최종적으로 확정지었다. 재판은 단번에 남성 의사로부터 평가를 받아야 했던 여성 치료사보다 남성 의사가 도덕적으로나 지적으로나 훨씬 우위를 차지하고 있음을 분명히 했다. 이는 여성 치료사를 어둠, 악 그리고 마술의 영역에 위치시키는 반면 남성 의사를 변호사와 신학자와 동등한 전문가로서 신과 법의 편에 위치시켰다. 남성이 이 새로운 지위를 차지할 수 있었던 것은 의학적 또는 과학적 성취가 아닌 그들이 그토록 잘 섬

겼던 교회와 국가 덕분이었다.

이후의 여파

마녀사냥이 하층민이었던 여성 치료사를 완전히 제거하지는 못했지만 대신 미신적이고 악의적일 수 있다는 영원한 낙인은 찍을 수 있었다. 새롭게 부흥한 중산층 사이에서 마녀가 완전히 신뢰할 수 없는 존재가 되어버린 덕분에, 17세기와 18세기 남성 실무가들이 여성 할 수 있었던 마지막 치료 영역 — 산파술 — 에 상당히 개입할 수 있었다. 비전문적인 남성 실무가들 — "이발사 겸 외과의사들barber-surgeons" — 은 분만 겸자를 사용하는 것이 기술적으로 우월하다고 주장하면서 영국에서부터 공격을 주도해 나갔다. (겸자는 법적으로 수술 도구로 분류되었고 여성은 법적으로 수술이 금지되어 있었다.) 이웃 간에 주고받는 도움의 형태로 있던 산파술이 이발사 겸 외과 의사들의 손에 들어가면서 중산층 사이에서 수익성 좋은 산업으로 빠르게 변화하였고, 18세기에 실제 의사들이 대거 투입되었다. 영국의 여성 산파들은 단체를 만들어 상업주의와 겸자의 위험한 오용을 근거로 난입한 남성들을 고발했다. 하지만 때는 너무 늦었다 — 이미 여성들은 과거의 미신에 쉽게 집착하는 무식한 "시대에 뒤떨어진 부인"이 되고 난 뒤였으므로.

여성 그리고
미국 의학 전문가의 부상

여성 그리고
미국 의학 전문가의 부상

  치료 역할을 남성들이 탈취해 가는 것은 영국이나 프랑스에 비해 미국에서는 늦게 시작되었지만 궁극적으로 더 멀리까지 나아 갔다. 여성 의사의 비율이 영국이 24%, 러시아가 75%인 반면 미국은 7%밖에 없는 것을 미루어 보았을 때, 오늘날 미국보다 여성 의사의 비율이 낮은 산업화 된 국가는 아마 없을 것이다.* 그리고 스칸디나비아, 영국, 네덜란드 등의 나라에서는 산파

---

* OECD 통계 자료에 따르면 2017년 기준 여성 의사의 비율은 영국 47.6%, 미국 36.1%, 대한민국은 23.3%에 그쳤다. OECD 국가 평균 여성의사의 비율은 47.6%로 50%가 채 안 됨을 알 수 있다. (출처: https://www.oecd-ilibrary.org//sites/87e18004-en/index.html?itemId=/content/component/87e18004-en#figure-d1e24254) (옮긴이)

가 — *여성* 산파 — 여전히 번창하는 직업인 반면 미국에서는 20세기 초 이후부터 사실상 불법이 되었다.* 세기가 바뀔 무렵에는 강인하고 부유한 극소수의 여성들을 제외하고 미국에서 여성들이 의학에 접근할 수 있는 길은 없었다. 남겨진 분야는 간호뿐이었지만 산파와 일반 치료사general healers로서 여성들이 누려왔던 자율적인 역할을 대체할 수 있는 방법은 아니었다.

문제는 여성이 어떻게 의학에서 배제되고 간호 역할을 맡게 되었는지가 아니라, 어쩌다 이런 분류들이 생겨났는지 이다. 바꿔 말하면 백인 남성 중산층으로 구성된 특정 치료사 집단이 1800년대 초 미국 의료 현장을 장악함으로써 그들과 대립했던 모든 민간 치료사, 산파 및 다른 실무가들을 어떻게 용케 내쫓을 수 있었을까?

당연하게도 의료 역사학자들이 제시하는 통념적인 해설은 *진정한* 미국 의료 전문가가 언제나 있었다는 것이다. — 그 의료 전문가들이란 히포크라테스, 갈레노스 및 위대한 유럽 의학자들의 흐름으로부터 끊임없

---

* 현재는 간호-조산사nurse-midwifery라는 형태로 미국 50개 주에서 모두 합법화되었다. 한국도 마찬가지로 간호사 면허 취득자 중 조산사 면허를 취득해야 조산사로 활동할 수 있다. (옮긴이)

이 이어져 내려온 과학 및 도덕적 권위를 지닌 소수 남성들의 연대를 말한다. 미국 개척 시대에 이러한 의사들은 질병과 죽음이라는 일상적인 문제뿐만 아니라 일반 실무가lay practitioner가 주인 노릇을 남용하는 것과도 싸워야만 했다 — 일반 실무가들은 보통 여성, 과거에 노예였던 사람들, 인디언, 술에 취해 특허 약을 파는 판매원들로 묘사되곤 했다. 의학 전문가들에게는 다행스럽게도 19세기 후반 미국 대중들이 갑자기 의사가 지닌 과학적 지식을 건전하게 존중하기 시작했고 돌팔이 의사quacks를 신뢰했던 이전과 달리 진정한 의학 전문가에게 치료술에 대한 영구적인 독점권을 부여했다.

하지만 진정한 해답은 무지와 미신 대 과학이라는 대결 구도에 있지 않으며 이것은 지어낸 드라마일 뿐이다. 19세기는 권력에 대한 계급 투쟁과 성 투쟁이 삶의 모든 영역에 걸쳐 일어난 시기이고, 우리가 다루는 문제 또한 그 긴 역사 중 일부에 지나지 않는다. 여성이 의료 분야에 자리를 잡고 있었을 때, 그것은 *대중*을 위한 의료였다. 대중을 위한 의료가 말살되었을 때, 거기에 여성을 위한 자리는 없었다 — 간호사라는 종속적인 역할을 제외하고, *유일한* 의학 전문가가 된 치료사 집단은 현대 과학과의 결탁이 아니라 부흥하는 미국 사업체와의 결탁 덕분에 유명해졌다. 파스퇴르Pasteur와 코흐Koch를 비롯한 19세기 다른 위대한 유럽 의학 연구자들에게는 미안한 말이지만, 미국 의학 전문가에게 최종 승리를 안겨주는 데에 개입한 사람은 카네기Carnegies와 록펠러Rockefellers였다.

실제로 의학 전문직이든 다른 어떤 전문직종이든 발전하는 데에 있어서 1800년의 미국보다 더 안 좋은 환경은 없었을 것이다. 정식 교육을 받은 소수의 의사들은 유럽으로 이민을 갔다. 미국에는 의과 대학이 거의 없었고 전부 합하더라도 고등 교육기관의 수가 매우 적었다. 민족해방전쟁을 마친 지 얼마 되지 않은 대중들은 그게 무엇이 되었건 전문 직업군과 "외국에서 온" 엘리트들에게 적대적이었다.

서구 유럽에서는 대학 교육을 받은 의사들이 치료할 권리를 이미 수백 년 째 독점한 상태였다. 그러나 미국에서는 치료 기술을 입증할 수만 있다면 ─ 정식 교육의 유무, 민족 또는 성별에 상관없이 ─ 그게 누가 되었든 의료 행위를 할 수 있는 전통이 있었다. 1600년대 종교 지도자에 대해 반대 의견을 표했던 앤 허친슨 Ann Hutchinson은 여타 많은 성직자 및 성직자의 부인들과 마찬가지로 "일반적인 치료술" 실천을 하는 사람이었다. 의학 역사가인 조셉 케트Joseph Kett는 "18세기 후반 코네티컷 윈저Windsor, Connecticut에서 가장 존경 받는 의료인 중 한 명을 꼽으라면 '프리머스 박사Dr. Primus'라고 불리는 흑인 자유민을 들 수 있다. 특별한 경우를 제외하고 뉴저지에서 의료업은 1818년까지 주로 여성들의 손에 있었다…"라고 전한다.

여성들은 종종 남편과 함께 협업을 하기도 했다. 남편은 수술 과정을, 부인은 산과와 부인과 분야를 다루면서 그들은 모든 것을 공유했다. 아니면 가족 구성원을 돌보는 것을 통해서 또는 친척이나 다른 공인된 치료사와 수습 기간을 보내는 것을 통해서 실력을 쌓은 다음 실무에 투입되는 여성들도 있었다. 예를 들어 미국에서 최초로 훈련된 여성 의사들 중 한 명이었던 해리엇 헌트Harriet Hunt는 여자 형제가 아팠을 때 의학에 관심을 가지기 시작했고 남편과 아내가 팀을 이루어 진료를 보는 "의사" 밑에서 한동안 일 하다가 개업을 했다(그녀가 정식 교육을 받은 건 나중의 일이다).

의사에게 가다

1800년대 초 정식으로 교육을 받은 의사들의 수가 점점 더 늘어났고 그들은 스스로를 일반 실무가 집단과 구분 짓기 위해 많은 노력을 기울였다. 공식 교육을 받은, 즉 자칭 "정식" 의사라는 그들은 남성이었고 또 중산층이 일반적이었으며 거의 대부분 비전문적인 경쟁자들보다 훨씬 비싸다는 것이 가장 중요하면서도 실질적인 차이점이었다. "정규" 업무의 대상은 "신사" 계급으로부터 치료를 받는다는 품격을 지킬 수 있는 중상류층 사람들에게만 국한되어 있었다. 1800년 즈음에 이르러서는 산과 진료를 받기 위해 "정식" 남자 의사를 고용하도록 강요하는 풍습이 상류층 및 중산층 여성들 사이에서 생겨났다 — 불평하는 사람은 매우 품위 없는 것으로 여기는 관행 때문이었다.

의학 기술과 이론적 관점에서 보자면 일반 실무가 대신 소위 "정식 의사"라 불리는 사람을 추천할 만한 이유가 전혀 없었다. 그들이 받은 "정식 훈련"은 당시 유럽의 기준과 비교해 보았을 때에도 거의 의미가 없었는데, 의학 프로그램 기간은 몇 달에서 2년까지 다양했고 많은 의과 대학이 임상 시설을 제대로 갖추지도 않았기 때문이었다. 의과 대학에 입학하는 데에는 고등학교 졸업장조차 필요하지 않았다. 어쨌든 진지한 학문적 훈련이 그렇게 큰 도움이 되지는 않았을 것이다 — 훈련을 받을 만한 의료 과학이 없었으니 말이다. 오히려 "정식 의사"들은 많은 질병을 "극단적인" 방식으로 치료하도록 가르침 받았다. 과다 출혈, 고용량의 완하제 투여, 감홍calomel*(수은을 함유하고 있는 완하제) 그리고 나중에는 아편까지도 말이다(그 당시 유럽 의학계 역시 이보다 더 낫다고는 할 수 없었다). 자신들이 행하는 "치료"가 원래 질병보다 생명을 앗아갈 위험이 더 크거나 손상을 줄 것이라고 의심하지는 않았다. 저명한 의사인 올리버 웬델 홈즈Oliver Wendell Holmes는, 미국 "정식" 의사가 사용하는 약을 바다에 던진다면 인류에게는 축복이요, 물고기들에게 재앙이라는 평가를 남기기도 했다.

일반 실무가가 "정식 의사"보다 훨씬 효과적이고 안

---

* 염화제일수은. 내복용으로 하제, 이뇨제, 매독치료제 등으로 쓰이며 연고로 사용되기도 한다. 맹독성으로 죽음에 이를 수도 있다. (옮긴이)

전했다는 것에는 의심할 여지가 없다. 그들은 치료법으로 순한 약초 치료, 식단 변화를 선호했으며 더 이상 해줄 수 있는 게 없을 때에는 손을 잡아 주었다. 그들이 "정식 의사"보다 더 아는 것이 없었을 지도 모르지만 최소한 환자에게 해를 끼칠 위험은 적었다. 그대로 두었더라면 중산층을 대상으로 진료를 보았던 "정식" 의사들을 일반 실무가들이 틀림없이 대체했을 것이다. 하지만 그들은 누가 적임자인지 알아보지 못했다. 상류층과 긴밀한 유대 관계를 맺고 있었던 "정식 의사"들은 입법 기관에도 영향을 미쳤다. 1830년 즈음 13개 주가 의사면허법을 통과시켰는데, 이 법으로 말미암아 "비정식" 실무가들은 불법화되었고 "정식 의사"들만이 유일하게 합법적인 치료사로 확립되었다.

하지만 이러한 법 제정은 섣부른 행동이었다. 대중들이 전문직업으로서의 의학에 대한 개념을 지지하지 않았는데, 하물며 이런 주장을 하는 특정 치료사 집단을 지지할 리 만무했다. 따라서 이 새 법안을 집행할 방법이 없었다. 일반 대중들이 신뢰하는 치료사를 실무에서 배제하도록 법률을 제정할 수는 없었기 때문이다. 더 나쁜 소식은 — "정식 의사"들에게나 나쁜 소식이지만 — 의료의 독점권을 거머쥐려는 때 이른 시도는 대중들의 분노가 급진적이고 대중적인 보건 운동의 형태로 표출되도록 만들었고 마지막에 가서는 이 보건 운동이 미국의 의학 엘리트주의를 거의 타파할 뻔 하기도 했다.

대중보건운동

전통적인 의학 역사는 1830년대와 40년대 벌어진 대중보건운동The popular Health movement을 엉터리 치료와 의학적 분파주의가 고조되었던 시기로 일축시켜 버린다. 실제로 이 운동은 페미니스트와 노동 운동이 불러일으켰던 전반적 사회 격변 중 의학적 측면에 해당했다. 여성은 대중보건운동의 핵심 축이었다. 우리가 만든 '당신의 몸을 알아라' 강좌와 같은 「여성생리학회Ladies Physiological Societies」가 우후죽순처럼 생겨났고 그 곳에서 제공하는 해부학과 개인 위생에 대한 간단한 교육에 청중들은 완전히 몰입했다. "정식" 의사들이 행하는 살인적인 "치료"와는 반대로 교육의 주

안점은 예방 치료였다. 이 운동은 자주 목욕하기(당시 "정식" 의사들은 자주 목욕하는 것을 부도덕한 행위로 간주했다), 헐렁한 여성복, 정제되지 않은 곡물 시리얼, 금주, 그 외에도 여성과 관련될 수 있는 많은 문제들에 대한 현수막을 내걸었다. 그리고 이 운동의 일부 원칙은 마거릿 생어Margaret Sanger(미국 산아제한운동의 창설자 – 옮긴이)의 어머니가 어린 여자아이였을 무렵부터 이미 산아 제한을 추진하고 있었다.

대중보건운동은 의학 엘리트주의를 향해 펼치는 과격한 공격인 동시에 전통적으로 사람들이 행하던 의료에 대한 확신이기도 했다. 이 운동의 한쪽 진영에서 내건 슬로건은 "모든 사람은 자기 자신의 의사"였으며, 모든 여성 또한 그렇다는 의미를 분명히 했다. 면허를 소지한 "정식" 의사는 단지 감홍이나 출혈에 대한 상류층의 "끔찍한 취향" 덕분에 살아남았을 뿐인 "기생하는 비생산적 계층"의 일원으로 공격받았다. ("정식" 엘리트 의사가 훈련받았던) 대학은 학생들에게 "노동을 천하고 품위를 손상시키는 것으로 여기고" 상류층과 동일시하도록 가르치는 장소라는 비난을 받았다. 급진적인 노동 계급은 "통치술, 사제술, 변호술 및 의술"을 당대의 4대악으로 연결시키는 명분 하에 결집했다. 뉴욕 주에서는 "특권을 가진 의사"를 공격할 수 있는 모든 기회를 부여받은 노동당의 한 의원이 의회에서 이 운동을 대변하기도 했다.

"정식" 의사들은 자신들이 수적 열세에 몰렸고 진퇴양난에 빠졌다는 사실을 재빨리 깨달았다. 대중보건 운동의 좌파 진영에서는 — 과한 보수를 받는 "전문직"은 커녕 — 유급 직업으로서의 "의료 행위"에 전면적으로 거부하는 태도를 취했다. 중도파는 절충주의eclecticism*, 그레이엄주의Grahamism**, 동종요법, 그 외에 수많은 사소한 것들을 자신들만의 고유한 용어로 만들어 "정식 의사들"과 경쟁하기 위한 새로운 의학철학과 분파를 개척했다. 새로운 분파는 (예방의학과 가벼운 약초 치료를 강조하는) 그들만의 의과 대학을 설립하여 의사를 배출해내기 시작했다. 이러한 의료계의 격변 속에서 이전의 "정식 의사들"은 그저 또 다른 분파처럼 보이게 되었다. 감홍, 출혈 및 비상용으로 사용

---

* 19세기 중후반부터 20세기 초까지 미국에서 유행했던 의학의 한 분파. 다른 재료를 비롯하여 약초 치료와 물리 치료를 주장했다. (옮긴이)
** 채식 위주 식단, 금주 운동 등을 주장했던 19세기 목사인 실베스타 그레이엄 Sylvesta Graham이 전개한 운동. (옮긴이)

할 수 있는 "극단적인" 치료법을 배우는 개별적인 철학을 지닌 하나의 분파로 말이다. 누가 "진짜" 의사인지 말하기란 불가능했으며 1840년대에 들어서는 의사면허법이 거의 모든 주에서 폐지되었다.

대중보건운동이 정점에 달했던 시기와 페미니스트 운동이 조직화되기 시작한 시기는 맞물렸다. 이 두 운동은 긴밀히 연결되어 있어서, 어디에서 시작되어 어디에서 끝이 났는지를 구분하기가 매우 어렵다. 유명한 의학 역사학자 리차드 슈라이크Richard Shryock는 "여성의 건강을 위한 이런 운동[대중보건운동]은 전반적인 여성의 권리에 대한 요구와 원인 및 결과라는 두 측면으로 얽혀 있으며 이 시점에 이르러서 건강 운동과 페미니스트 운동은 구분할 수 없게 된다"고 말한다. 보건 운동은 전반적인 여성의 권리에 관심을 가졌고 여성 운동은 건강 및 여성의 의학적 훈련에 대한 접근성에 특히 관심을 보였다.

사실 두 집단의 지도자들은 지배적인 성 고정 관념에 의거하여 의사가 되기에 남성보다 여성이 더 자격을 갖추었다고 주장했다. 건강 운동의 리더였던 사무엘 톰슨Samuel thomson은 1834년에 "우리는 여성들이 의학에 더 뛰어난 자질을 가지고 있다는 것을 부정할 수 없다"고 썼다(하지만 그는 수술과 남성을 치료하는 것은 남성 실무가들이 맡아야 한다고 생각했다). 더 나아가 사라 헤일Sarah Hale과 같은 페미니스트들은 1852년에 이런 주장을 하기도 했다. "이것[의료]이 남성에게, 오직 남성에게만 적합한 영역이라고 이야기해 보라! 그러면 우리는 10배 더 많은 타당성과 근거를 가지고 이것이 여성, 오직 여성에게만 적합한 영역이라고 말할 것이다."

"정식" 의학 훈련이 사실상 여성들에게 개방되지 않았던 그 당시, 실제로 새로운 의학 분파가 설립한 학교에는 여성들도 들어갈 수 있었다. 예를 들어 해리엇 헌트Harriet Hunt의 경우 하버드 의과 대학 입학은 거절당했지만 대신 다른 학파의 학교에 들어가 정식 교육을 받을 수 있었다(실제로 하버드 학부에서 — 일부 흑인 남학생들과 더불어 — 그녀의 입학 여부를 두고 투표를 시행했지만 재학생들이 만약 그들이 입학한다면 폭동을 벌이겠노라고 협박했다). 미국 최초 여성 "정식 의사"였던 엘리자베스 블랙웰Elizabeth Blackwell을 훈련시킨 "정식" 내과 의사들의 공로를 인정하지 않을 수는 없겠지만 그녀의 모교(뉴욕 주 북부에 위치한 작은 학교)는 더 이상 여학생을 받지 않겠다는 결의안을 빠르게 통과시켰다. 처음으로 남녀가 함께 들어갈 수 있었던 의과 대학 또한 뉴욕의 시러큐스Syracuse에 설립된 "비정식" 절충주의 중앙 의과 대학Eclectic Central Medical College이었다. 마지막으로 여성만 입학할 수 있었던 최초의 의과 대학은 보스톤에 하나, 필라델피아에 하나, 이렇게 두 군데가 있었는데 그들 역시도 "비정식 학파"였다.

페미니즘 연구자들은 반드시 대중보건운동에 대해 더 많이 연구해야 한다. 오늘날 여성 운동의 관점에서 바라본다면 이것은 여성 참정권 투쟁보다 훨씬 의미가 있을 것이다. 이 운동이 페미니즘 연구자들에게 가장 기대를 불러일으키는 측면은 다음과 같다.

(1) 이것은 계급 투쟁과 페미니스트 투쟁 모두를 보여준다. 이 점이 중요한 이유는 오늘날 일부 사람들이 페미니즘과 관련된 쟁점들을 단순히 중산층의 관심사 정도로만 여기려는 경향을 보이기 때문이다. 그러나 대중보건운동에서 우리는 페미니스트와 노동자 계급이 하나로 힘을 합치는 것을 볼 수 있다. 대중보건운동

이 자연스럽게 모든 종류의 반체제 인사들을 끌어들였기 때문이거나 혹은 그 목적에 더 깊은 정체성이 있기 때문은 아닐까?

(2) 대중보건운동은 단순히 더 나은 의학적 치료를 위한 것이 아니라 근본적으로 다른 종류의 건강 관리를 위한 운동이었다. 즉 이 운동은 당시에 만연하던 의학적 도그마, 실무 및 이론에 실질적인 변화를 요구하는 것이었다. 오늘날 우리는 의료 조직에 대해서만 비판하는 경향이 있으며 의학의 과학적 토대에 대해서는 논쟁의 여지가 없다고 가정한다. 그러나 우리는 의료 "과학"에 대한 비평적 연구를 할 수 있는 능력 또한 개발해야만 한다 — 최소한 여성과 관련된 것만이라도 말이다.

▌반격에 나선 의사들

1830년대와 1840년대 대중보건운동이 최고조에 달했을 때, 이 운동은 — 오늘날 내과 의사의 전문직 원형이라 할 수 있는 — "정식" 의사들을 두려움에 떨게

했다. 19세기 후반에 들어서는 일반 대중들의 힘이 서서히 사그라들기 시작했고 이 운동 역시 서로 대립되는 분파들로 나뉘어 쇠퇴해 갔다. 이에 따라 "정식 의사"들은 다시 공격 태세를 갖추기 시작했다. 1848년에 의사들은 힘을 합쳐 처음으로 자신들만의 국가기관을 만들었는데 거창하게도 *미국의학협회*(*American Medical Association*, AMA)라고 이름 붙였다. 카운티 및 주 의학협회는 개혁 작업에 착수했고, 이 중 상당수는 30년과 40년대 의학의 혼란기가 최정점에 달했을 때 사실상 해체 상태에 있던 것들이었다.

19세기 후반 전반에 걸쳐서 "정식 의사"들은 일반 실무가, 다른 학파 의사 및 여성 실무가들을 위주로 가차 없이 공격했다. 공격은 서로 연관되어 있었다. 여성 실무가들은 다른 분파에서 배웠다는 것을 빌미로 공격받을 수 있었고 또 새로운 분파는 여성들에게도 개방되어 있다는 이유로 공격받을 수 있기 때문이었다. 여성 의사를 반대하는 논점은 가부장적인 것에서부터 (늦은 밤 응급 상황이 발생했을 때 점잖은 여인이 어떻게 올 수 있겠는가?) 극단적인 성차별주의에 이르기까지 그 범위가 다양했다. 1871년 의사 알프레스 스틸Alfred Stille는 미국의학협회장 취임식에서 다음과 같이 연설했다.

> 어떤 여성들은 주로 운동과 같은 분야에서 남성들과 경쟁하려 듭니다… 그리고 그런 의지가 강한 사람들은 모든 면에서, 심지어 옷 입는 것에서조차 겨우 남성을 흉내내기만 할 뿐입니다. 그렇게 행동하는 것 때문에 일종의 감탄을 자아낼 수도 있겠지만 그건 그저 기괴한 물건을 볼 때 느끼는 것과 별반 다르지 않습니다. 특히나 그들이 가진 것보다 더 높은 것을 지향할 때 그렇지요.

유럽에서는 의학에 종사하는 여성을 반대하는 미국의 성차별주자들이 보이는 적대감 같은 것을 찾아볼 수가 없다. 그 이유는 다음과 같다. 먼저 당시 유럽에서는 의학과 관련된 직업을 갖고자 하는 여성의 수가 더 적었다. 두 번째로는 페미니즘 운동이 미국만큼 강하게 일어났던 곳이 그 어디에도 없었으며, 따라서 미국 남성 의사들이 의학에 입문하려는 여성들과 조직화된 페미니즘 운동을 연결시키는 것은 당연했다. 그리고 세 번째로 유럽 의학 전문가들은 이미 보다 견고하게 확립되어 있었고 경쟁에 대한 걱정이 상대적으로 적었다.

아주 소수의 여성들이 "정식" 의과 대학 진학에 성공했다 할지라도 연이어 성차별주의라는 장애물에 부딪쳤다. 남학생들의 괴롭힘이 — 이 괴롭힘은 외설적인 경우가 많았다 — 끊이지 않았다. 참석한 여학생들과 해부학에 대해 논의하지 않으려는 교수들도 있었다. 1848년에 출간된 유명한 산과학 책*에는 "그녀[여성]의 머리는 지적 능력을 발휘하기에는 매우 작지만 사랑을 하기에는 충분히 크다."라고 쓰여 있었고 이와 유사한 교과서들이 있었다. 지적 활동이 여성의 생식기관에 악영향을 미친다는 부인과gynecological 이론은 공신력 있게 받아들여졌다.

학업을 마친 뒤 의사가 되고자 하는 여성 대부분이 다음 단계로 나아갈 수가 없었다. 일반적인 병원은 여성 의사에게 닫혀 있었고 설령 그렇지 않다 하더라도 여성에게 인턴쉽이 개방되지 않았다. 마침내 여성이 실무 진출에 성공했다면, 남자 동료인 "정식 의사들"이 그녀에게 환자를 보내려 하지 않았으며 의사협회에 여성 회원이 들어오는 것에 무조건적으로 반대했다.

---

* 본문에 나와 있지는 않지만 이 책은 Charles Delucena Meigs가 쓴 "Females and Their Diseases; a Series of Letters to His Class"로 추정된다. (옮긴이)

그래서 우리가 "여성보건운동women's health movement"이라고 부르는 것이, 19세기 후반에 이전의 대중보건운동으로부터 스스로를 분리시키고 존중받기 위해 노력하기 시작했다는 사실이 낯설고 또한 더욱 슬프게 다가온다. 여성 의과 대학의 교직원들은 비정식 학파인 회원을 제명했다. 엘리자베스 블랙웰 같은 의학계의 여성 리더들은 남성 "정식 의사" 집단에 합류하여 일반 산파lay midwifery를 없애고 산과술을 수행하는 모든 이들을 위한 "완전한 의학 교육"을 실행할 것을 요구했다. 이 모든 일은 아직 "정식 의사들"이 다른 분파 의사나 일반 치료사에 비해 "과학적" 이점이 없거나 매우 적었던 시기에 일어났다.

추측하건대, 그 당시 공식적인 의학 훈련에 편입하고자 했던 여성들이 중산층이었기 때문에 그랬을 거라는 설명이 가능할 듯 하다. (이전에 급진적인 운동 같은 것으로 취급되었던) 하층민 여성 치료사나 분파주의 의학 집단보다는 중산층인 "정식" 의사와 결탁하는 것이 쉽다고 판단했을 것이다. 도시에서 여성 일반 실무가female lay practitioners 중 이민자의 수가 점점 늘어나는 추세였다는 사실 또한 이러한 변절을 더 쉽게 만들었을 것이다(그와 동시에 노동자 계급 여성은 공장에서 일을 하게 되고 중산층 여성은 빅토리아 시대의 귀부인 신분으로 정착함으로써, 여성 운동이 계급을 넘어서서 모든 문제와 관련하여 일어날 가능성이 사라졌다). 정확한 설명이 무엇이 되었든 간에, 결과적으로 중산층 여성은 남성 의학에 대한 실질적인 공격을 포기하고 남성 의학 전문가가 출현하면서 규정해 놓은 사항들을 받아들였다.

전문직의 승리

여전히 "정식 의사"들은 의학을 독점하기 위해 또 다른 노력을 기울일 수 있는 상태가 아니었다. 먼저 아직 독자적이고 효과적인 방법이나 특별한 지식체를 가지고 있다고 주장할 수 있는 수준이 아니었다. 게다가 하나의 직업군이 기술적 우월성만으로 전문적인 독점을 얻을 수 있는 것 또한 아니다. 공인된 전문직이란 스스로를 전문직 단체라고 칭한다고 해서 되는 것이 아니기 때문이다. 전문직 단체는 단체의 구성원을 뽑고 그들이 행하는 실무를 통제할 수 있는 *법적* 권한을 지닌 단체를 말하는데, 즉 외부의 간섭 없이 특정 분야를 독점할 수 있는 법적인 권한이 있어야 한다는 말이다. 어떻게 특정 집단이 온전한 전문적 지위를 얻을 수 있을까? 사회학자 엘리엇 프리드슨Elliot freidson의 말에 따르면 이렇다.

> 전문직은, 그 일에 어떤 특별한 가치가 있다고 설득 당한 사회의 일부 엘리트 계층이 제공하는 보호와 후원에 힘입어 그 지위를 얻고 유지한다.

다시 말해 전문직이란 지배 계급이 만들어낸 창조물에 불과하다. *유일한* 의학 전문직이 되기 위해서 "정식" 의사들에게 무엇보다 필요한 것은 지배 계급의 후원이었다.

세기가 바뀔 무렵, 운이 좋게도 "정식 의사들"은 거의 비슷한 시기에 과학과 후원이라는 두 마리 토끼를 잡을 수 있었다. 프랑스 그리고 특히 독일 과학자들이 질병에 대한 세균 이론을 세상에 선보였는데 그 이론은 인간 역사상 최초로 질병 예방과 치료에 대한 합리적 근거를 제공해주었다. 평범한 미국 의사들이 여전히 "체액humor"에 대해 중얼거리며 사람들에게 감홍을 처방하고 있는 동안 소수의 의학 엘리트들은 새로운 과학을 배우기 위해 독일 대학으로 떠나고 있었다. 그들은 개혁하겠다는 열의에 차 미국으로 돌아왔다. 1893년 독일에서 훈련받은 의사들이 (지역 자선 사업가들에게 투자 받아) 독일식 미국 의과 대학인 존스 홉킨스Johns Hopkins를 처음으로 설립했다.

 교과 과정만 놓고 보자면 홉킨스가 일으킨 큰 혁신은 기초 과학 실험실 작업과 확장된 임상 훈련을 통합했다는 것이었다. 그 외 다른 개혁은 전임 교수 고용, 연구에 대한 강조 그리고 의과 대학을 하나의 온전한 대학과 긴밀히 연관시키기 등이 있었다. 또한 존스 홉킨스는 의학 교육의 현대적 양식 — 대학 4년 이후 의과 대학 4년 — 을 도입했는데 당연하게도 이것은 대부분의 노동자 계급과 가난한 사람들이 의학 교육을 받을 가능성을 차단했다.

 그 동안 미국은 세계의 산업을 선도하는 국가로 부상하고 있었다. 석유, 석탄 및 미국 노동자를 무자비하게 착취함으로써 얻은 자산이 거대 금융 제국으로 가는 자양분이 되어 주었다. 미국 역사상 최초로 거대하고 조직화된 자선 사업이 가능해질 정도로 물질적 부가 충분히 충적되었다. 즉 조직화된 지배 계급이 사회, 문화 및 국가의 정치적 생명에 개입할 수 있었다는 말이다. 지속적으로 개입하기 위한 수단으로 재단이 만들어졌다 — 록펠러Rockefeller와 카네기Carnegie 재단은 20세기 첫 10년 동안에 등장했다. 그들이 가장 초창기에 최우선 항목으로 내건 안건 중 하나는 의학 "개혁"이었는데 그 개혁이란 존경받는 과학적인 미국 의학 전문가 양성하는 것이었다.

재단들이 뒤에서 돈을 후원하겠다고 선택한 미국 의학 실무자 집단이란, 너무나 당연한 이야기겠지만 "정식" 의사들 중에서도 과학적인 엘리트 계층이었다(이런 남성들의 상당수는 그들 자체가 지배 계급인데다가 모두 점잖고 대학에서 교육받은 신사들이었다). 1903년부터는 수백만 달러의 금액이 의과 대학에 투입되기 시작했다. 조건은 분명했다. 존스 홉킨스 모델을 따르거나 아니면 닫거나. 좀 더 구체적으로 이야기하자면 카네기 재단은 에이브러햄 플렉스너Abraham Flexner를 파견하여 하버드 대학부터 마지막 3등급 상업 대학까지 전국적으로 의과 대학 투어를 하도록 했다.

플렉스너는 거의 혼자서 어떤 학교가 후원 받을 만한지를 — 그리고 그 결과 살아남을만한지를 — 결정했다. 크고 좋은 학교일수록(즉 규정된 개혁을 도입하기에 충분한 자금을 이미 가지고 있었던 학교들) 많은 양의 재단 보조금이 보장되었다. 하버드 대학은 이 행운의 수혜자 중 하나였고, 1907년에 하버드 대학 총장은 "신사 여러분, 의학을 위한 기부가 의학 교육을 발전시킵니다"라고 자부심 있게 말했다. 작고 가난한 학교일수록 플렉스너는 지원할 만한 가치가 있다고 생각하지 않았고, 그렇게 작고 가난한 학교에는 분파주의 학교 sectarian schools 그리고 흑인과 여성을 위한 특수 학교 대부분이 포함되었다. 이러한 학교들에게 주어진 선택은 문을 닫거나 문을 열어 둔 채로 플렉스너가 준비한 보고서에서 공개적인 비난을 받는 것이었다.

1910년에 발간된 플렉스너 보고서는 재단이 미국 의학에 보내는 최후통첩과도 같았다. 이 여파로 미국에 있는 흑인 의과 대학 8개 중 6개가, 그리고 여학생들의 안식처였던 "비정식 학파" 학교 대다수를 포함한 많은 의과 대학이 보고서에 매겨진 점수 때문에 문을 닫았다. 의과 대학은 최종적으로 길고 비용이 많이 드는 대학 과정을 통해서만 접근할 수 있는 "고등" 교육의 한 부분으로 자리잡았다. 물론 의학 지식이 방대해짐에 따라 장기간 훈련이 불가피해진 것은 분명한 사실이다. 하지만 플렉스너와 재단은 대다수의 일반 치료사와 "비정식" 의사들에게 그러한 교육을 제공할 생각이 없었다. 오히려 흑인, 많은 여성들, 가난한 백인 남성들에게 이 문은 굳게 닫혀버렸다(플렉스너는 자신이 쓴 보고서에서 "무례한 소년이나 삶에 찌든 점원" 할 것 없이 누구든 의학적 훈련을 받으려 할 수 있다는 사실에 비통해 했다). 그렇게 의학은 백인이자 남성인 중산층의 직업이 되어갔다.

하지만 그것은 직업 이상이었다. 마침내 의학은 전문직이 된 것이다. 더 정확히 말하자면 특정 치료사 집단 중 하나였던 "정식" 의사들은 이제 *유일한* 의학 전문가가 되었다. 그들이 거머쥔 승리는 결코 자신들의 기술에 기반한 것이 아니었다. 평범한 "정식" 의사들이 플렉스너 보고서가 출간되었다고 해서 갑자기 의료 과학 지식을 습득할 수 있는 건 아니기 때문이다. 하지만 그들은 과학의 *비밀*을 획득하고야 말았다. 플렉스너 보고서가 자신의 모교를 비난했다고 해서 그게 어쨌다는 말인가? 미국의학협회의 구성원이 될 수 없다거나 과학적 개혁의 중심에 있을 수 없기라도 했단 말인가? 의사는 — 외국 과학자들과 동부 지역의 재단 덕분에 — "과학자"가 된 것이었다. 비판을 넘어서서, 규제를 넘어서서, 경쟁을 초월해서 말이다.

▎불법이 된 산파

 주마다 차례로 새롭고 강력한 면허법이 의사들의 의학적 실무에 대한 독점을 확정 지었다. 이제 남은 것은 오래된 사람들의 의학을 — 바로 산파들 — 떨쳐내는 것뿐이었다. 1910년 총 출생아 중 약 50% 정도가 산파의 도움으로 태어났다 — 그렇게 태어난 아이들 대부분은 흑인 또는 노동자 계급 이민자들이었다. 이것은 새롭게 등장하기 시작한 산과 전문의들에게는 용납할 수 없는 상황이었다. 먼저 모든 가난한 여성들이 산파에게 갔다는 것은 학문적인 교육과 연구를 위한 사례 하나가 더 사라졌음을 의미했다. 산과 "교육 자료" 자원이라고 할 수 있는 방대한 수의 미국 하층민들이 무식한 산파들에게 낭비되고 있었던 것이다. 게다가 가난한 여성이 연간 약 500만 달러로 추정되는 금액을 산파들에게 쓰고 있었다 — "전문가들"에게 갈 수도 있었을 500만 달러 말이다.

하지만 공식적으로 산과 전문의들은 과학과 개혁이라는 이름으로 산파를 공격하기 시작했다. "절망적이리만치 더럽고, 무지하고, 능력이 없다"는 이유로 산파들은 조롱을 당했다. 특히 산후 패혈증puerperal sepsis(자궁 감염uterine infections)과 신생아 임균성 안염neonatal ophthalmia(임질에 감염된 부모로 인한 실명)이 유행하는 것은 모두 그들의 책임이었다. 이 두 가지 상황 모두 최소한 읽고 쓸 줄 아는 산파라면 누구나 이해할 수 있는 방법으로 쉽게 예방 가능한 것들이었다(산후 패혈증은 손 씻기로, 안염은 안약으로 예방 가능하다). 따라서 산과 전문의들에게 진심으로 공익을 위하는 마음이 있었다면, 대다수의 산파에게 이 적절한 예방책을 알리고 이용할 수 있도록 분명한 해결책을 내놓았을 것이다. 실제로 잉글랜드, 독일 및 대부분의 유럽 국가에서는 이런 일이 일어났고 인정받는 독립적인 직업이 되기 위한 훈련을 통해 산파들의 수준이 높아졌다.

하지만 미국 산과 의사들은 산과적 케어를 개선하기 위한 어떤 실질적인 노력도 하지 않았다. 실제로 1912년에 존스 홉킨스 대학의 한 전문가가 시행한 연구는, 대부분의 미국 의사들이 산파들보다 *덜* 유능함을 시사했다. 의사들은 스스로가 패혈증과 안염 예방에 대해 신뢰하지 않았을 뿐만 아니라 산모와 아기를 위험에 빠트릴 수 있는 수술 기법을 과하게 사용하려는 경향이 있었다. 만약 산과 치료에 대해서 합법적인 독점을 가질 만한 누군가가 있었다면, 그것은 산파였지 의사들은 아니었다. 하지만 의사들은 권력을 가졌고 산파들은 그렇지 못했다. 의학 전문가의 강력한 억압 아래 주마다 차례로 산파를 불법화하고 산과적 실무를 의사에 국한하는 법을 통과시켰다. 가난한 노동자 계급 여성에게 있어서 이 사실은 실질적으로 산과적 관리가 보다 열악해 졌음을 — 또는 전무해 졌음을 — 의미했다(예를 들어 워싱턴에서 시행한 한 유아 사망률 연구는 산파 금지법이 통과된 뒤인 그 해에 바로 영아 사망률이 증가했음을 보여주었다). 새롭게 등장한 남성 의학 전문가에게 있어서 산파를 금지하는 것은 경쟁의 원천이 하나 더 줄어듦을 의미했다. 독립적인 실무가로서 자신들의 마지막 입지를, 여성들은 잃게 되었다.

▎램프를 든 여인

의료 분야에서 여성에게 유일하게 남은 직업은 간호사였다. 간호가 언제나 유급 직업의 형태로 존재했던 건 아니었다 —그것은 발명되어야 할 무엇이었다. 19세기 초 "간호사"란 단지 — 아픈 아이나 나이든 사촌과 같은 — 누군가를 간호하게 된 여성에 불과했다. 물론 병원이 있었고 그들이 간호사를 고용하기는 했다. 하지만 당시 병원은 대체로 가난한 사람들을 위한 피난처 역할을 하며 최소한의 치료만을 제공했다. 역사에 따르면 병원 간호사들은 알코올 중독, 매춘, 절도와 관련 있는 평판이 안 좋은 사람들이었다. 그리고 병원 상황이 부끄러운 수준인 경우가 많았다. 1870년대 후반 뉴욕의 밸뷰bellvue 병원을 조사한 위원회가 원내에서 비누를 찾을 수 없었을 정도로 말이다.

간호 분야가 여성 노동자들에게 그다지 매력적인 영

역이 아니었다면, 여성 *개혁가*들에게는 해결되지 않은 영역이었다. 병원 치료를 개혁하기 위해서는 간호를 개혁해야 했고, 의사와 "성품 좋은" 여성이 간호를 받아들일 수 있도록 하기 위해서는 완전히 새로운 이미지를 부여해야 했다. 플로렌스 나이팅게일Florence Nightingale은 크림 전쟁의 전장에 있는 병원을 변화시켰으며 그곳에서 그녀는 나이든 군 소속 "간호사"를 잘 훈련되고 술에 취하지 않은 중년 여성으로 대체했다. 미국의 병원 개혁가였던 도로시아 딕스Dorothea Dix는 남북 전쟁에서 연합군 병원에 새로운 부류의 간호사들을 도입했다.

새로운 간호사는 이타적으로 다친 사람들을 돌보는 "램프를 든 여인"이었다 — 이것은 대중들의 마음을 사로잡았다. 진정한 간호 학교가 나타나기 시작한 것은 영국에서는 크림 전쟁 직후, 미국에서는 남북전쟁 직후였다. 동시에 의학 교육의 필요에 발맞춰 병원의 수도 증가하기 시작했다. 의대생들은 훈련받을 병원이 필요했고 의사들이 배워 나감에 따라 좋은 병원에서는 좋은 간호사들을 필요로 했다.

실제로 미국 최초 간호 학교는 상류층 여성을 학생

으로 모집하기 위해 최선을 다했다. 뉴욕의 오래된 귀족 가문 출신인 유페미아 반 렌셀레르Euphemia Van Rensselear 양은 벨뷰의 첫 번째 수업을 빛내 주었다. 그러나 이사벨 햄프턴Isabel Hampton[*]이 간호 훈련을 받았던 존스 홉킨스 대학병원의 한 관리자급 의사는 다음과 같이 불평할 수밖에 없었다.

> 햄프턴 양은 상급 과정을 가장 성공적으로 이뤄 낸 간호 실습[학생]이었습니다. 하지만 불행하게도 그녀는 이 모든 것을 그저 미모를 돋보이도록 하기 위해 선택했을 뿐이고 숙직 의사는 지금까지도 슬픔에 잠겨 있습니다.

간호를 발명한 여성에 대해 좀 더 자세히 살펴보자. 왜냐하면 매우 실질적인 의미에서 오늘날 우리가 알고 있는 간호는 빅토리아 시대 상류층 여성들에게 가해진 억압의 산물이기 때문이다. 도로시아 딕스는 상당한 재산의 상속녀였다. 플로렌스 나이팅게일과 루이자 스카일러Louisa Schuyler(그녀는 미국 최초의 나이팅게일식 간호 학교를 창시하도록 만든 배후의 원동력이었

---

[*] 미국 간호사이자 행정가. 존스 홉킨스 대학 간호학교 초대 교장이었으며 미국간호협회 초대 회장을 맡았다. (옮긴이)

다)는 진정한 귀족이었다. 그들은 빅토리아 시대 귀부인에게 강요된 여가 생활로부터 탈출한 난민과도 같았다. 딕스와 나이팅게일은 30대가 되기 전까지 개혁가로서의 이력을 개척하려는 시도조차 하지 못했고 길고 쓸모 없는 독신이 될 가능성에 처해 있었다. 그들은 아픈 사람들을 돌보는 데에 에너지를 쏟았는데 그런 계급의 여성들에게 "자연스러운" 동시에 받아들여질 수 있는 관심사였기 때문이다.

나이팅게일과 그녀의 직계 제자들은 간호란 곧 상류층의 것이라는 지울 수 없는 편견을 낙인 찍었다. 교육이 강조했던 점은 기술이 아니라 성격이었다. 나이팅게일 식 간호사라는 완성품은 단지 집에서 병원으로 옮겨 졌을 뿐, 출산의 의무를 면제받은 이상적인 귀족 여성에 다름 아니었다. 의사들에게는 절대적인 복종이라는 부인의 미덕을 선사했다. 환자들에게는 어머니의 이타적인 헌신을 제공했다. 병원에 고용된 하층민들에게는 하인들을 다루는 데에 익숙한 가정 관리자로서 확고하지만 친절하게 규율을 가져다주었다.

하지만 "램프를 든 여인"이라는 매력적인 이미지에도 불구하고 간호 일 대부분은 그저 매우 힘든 저임금

가사 노동에 불과했다. 머지않아 대다수의 간호 학교에는 노동자 계급과 중-하층 가정 출신의 여성들만이 모이기 시작했는데, 그 외에 여성들에게 주어진 다른 선택지란 공장 아니면 사무직뿐이었다. 하지만 간호 교육의 철학은 바뀌지 않았다 — 어쨌든 교육자는 여전히 중산층과 상류층 여성들이었으니까 말이다. 오히려 그들은 숙녀다운 인품을 발달시켜야 한다는 주장을 강화했으며, 간호의 사회화는 20세기 전반에 걸쳐 노동자 계급 여성에게 상류층 문화의 가치를 주입시키는 방식으로 이루어졌다(예를 들어 최근까지도 많은 간호학생들은 차 따르기, 미술 감상 등과 같은 상류층의 품위에 대해 배웠다. 실무에서 일하는 간호사들 또한 여전히 거들을 입고 화장을 했으며 대개 "더 좋은" 계급 여성의 행동을 따라 하도록 가르침 받았다).

하지만 나이팅게일 식 간호사가 상류층의 숙녀다움을 노동 세계로 투영이기만한 것이 아니라, 성차별주의적인 빅토리아 사회가 규정한 여성성의 바로 그 정신을 구현했다 — 그녀는 바로 그러한 여성이었다. 간호의 창시자들은 이 직업을 여성에게 선천적으로 부여된 소명으로, 그리고 그 다음으로는 모성애와 관련된 것으로 바라보았다. 한 잉글랜드 간호사 집단이 의학 전문가를 본 따서 간호 모델을 시험과 면허로 제도화하자고 주장했을 때 나이팅게일은 "…*어느 어머니도 그렇지 않은 것처럼* 간호사 또한 등록되거나 시험될 수 없다."는 반응을 보였다[강조 추가]. 또는 거의 1세기가 지난 뒤 한 간호 역사 서적은 "여자는 천성이 간호사이며, 대자연이 그렇게 가르쳤다."(빅토르 로빈슨, 의학박사, 「하얀 캡, 간호 이야기」*)라고 언급하기도 했다. 만약 여성들이 천성적으로 간호사였다면, 나이팅게일의 관점에서 보자면 그들은 타고나길 의사가 아닌 것이었다. 그녀는 그 시대 여성 의사들에 대해 이렇게 기술했다. "여성 의사들은 단지 남자가 되고자 노력했던 것이고 그리하여 겨우 삼류 남자가 되는 데에 성공했을 뿐이다." 실제로 19세기 후반 간호 학생의 숫자가 늘어나면서 여성 의대생의 수가 감소하기 시작했다. 의료 체계 내에서 여성이 자신들의 자리를 찾은 것이다.

의학적 전문성의 부상에 대해 반대하지 않았던 것처럼, 페미니스트 운동은 여성의 역할을 억압하는 것으

---

* Victor Robinson, MD, 「White Caps, The Story of Nursing」, 1946. (옮긴이)

로서의 간호에 이의를 제기하지 않았다. 실제로 19세기 후반 페미니스트들은 여성성의 간호/어머니 이미지를 환영했다. 미국 여성 운동의 초점은 전적으로 투표권에만 맞춰져 있었기 때문에 완전한 성평등을 위한 투쟁은 포기한 상태였고, 투표권을 얻기 위해 그들은 빅토리아 시대의 가장 성차별적인 교리를 기꺼이 수용하려는 태도를 보이면서 여성이 인간이 아니라 어머니이기 때문에 참정권이 필요하다고 주장하기도 했다. 보스턴의 페미니스트인 줄리아 워드 하우Julia Ward Howe는 "여성은 인류의 어머니이자, 인류가 무력했던 초창기 시절의 수호자이며, 인류 최초의 스승인 동시에 인류의 가장 열정적인 승리자이다. 여성은 또한 가정주부이며 그녀에게 맡겨진 세부적인 일들은 가족 생활을 축복하고 아름답게 만든다"고 과장되게 표현했다. 그 외에의 찬사들은 차마 입에 담을 수 없을 정도여서 인용할 수 없었다.

여성 운동은 초창기에 전문직이 여성에게 개방되어야 한다고 강조하던 것을 중단했다. 어째서 남성들을 따라잡겠다는 하찮은 이유 때문에 모성을 저버려야 하는가? 그리고 당연한 이야기지만, 그 자체로 이미 본질적으로 성차별주의적이고 엘리트주의적인 전문성을 공격하던 원동력도 죽은 지 오래였다. 대신 페미니스트들은 여성이 타고난 기능을 전문화하는 데에 몰두했다. 가사노동은 "가정학domestic science"이라는 새로운 학문으로 미화되었다. 모성은 간호나 교직과 마찬가지로 준비와 기술이 필요한 천직으로 명맥을 이어 나갔다.

일부 여성들이 여성의 가정적인 역할을 전문화하는 동안 다른 여성들은 간호, 교직 그리고 이후에는 사회복지 업무 같은 전문적인 역할을 "가정적인 것으로" 만들고 있었다. 여성으로서의 자신의 욕망을 집 바깥에서 표출하기로 선택한 여성들에게 이런 직업은 여성이 "타고난" 가정적인 역할이 단순히 확장된 것에 지나지 않았다. 반면 집 안에 남아 있는 여성에게는 가정이라는 한계 안에서 스스로를 일종의 간호사, 선생님 및 상담가로 여기는 것이 장려되었다. 그럼으로써 1800년대 후반 중산층 페미니스트들은 성차별주의의 가혹한 모순 중 일부를 해소시켰다.

의사, 간호사를 필요로 하다

물론 여성 운동이 간호의 미래를 결정할 수 있는 위치에 있는 건 아니었다. 그렇게 할 수 있는 건 의학 전문가뿐이었다. 먼저 남성 의사들은 나이팅게일 식의 새로운 간호사에 대해 다소 회의적이었다 — 아마도 의학을 침범하려는 여성의 또 다른 시도로 의심했던 것 같다. 하지만 그들은 머지않아 간호사의 꾸준한 복종에 넘어가고 말았다(나이팅게일은 이 부분에 대해 다소 강박적이었다. 그녀가 새롭게 훈련시킨 간호사들을 데리고 크리미아에 도착했을 무렵 의사는 그들 모두를 무시했다. 아프고 부상당한 병사가 무수히 많이 있었지만 나이팅게일은 자신이 데려간 간호사들에게 의사의 지시가 떨어지기 전까지는 손가락 하나 까딱하지 말 것을 명령했다. 이에 감명받은 의사들은 결국 간호사들이 병원을 청소할 수 있도록 허락했다). 사면초가의 상태에 놓인 19세기 의사들에게 간호란 신이 보내 주신 선물과도 같았다. 마침내 "정식 의사들"과 경쟁을 원하지 않고 따로 밀고 있는 의학적 교리도 가지고 있지 않으면서 봉사하는 것 외에는 인생에서 다른 사명은 없는 것처럼 보이는 의료 종사자가 여기에 온 것이다.

평범한 정식 의사들이 간호사를 환대하는 동안 20세기 초 새롭게 등장한 과학적 실무자들은 간호사를 필수적인 존재로 만들고 있었다. 플렉스너 보고서 이후 등장한 새로운 내과 의사들은 이전의 내과 의사보다도 더 "치료" 과정을 옆에서 지켜보려 하지 않았다. 진단과 처방을 내린 뒤에는 곧장 다음 환자에게로 넘어갔다. 그는 자신의 재능이나 비싼 학교 교육을 침상 옆 돌봄bedside care이라는 지루한 세부 항목에 낭비할 수 없었다. 이러한 이유 때문에 의사는 인내심 있고 순종적인 조력자가 필요 했는데 가장 하찮은 일이라도 할 그 누군가란 쉽게 말해 간호사였다.

폭넓은 의미에서 치유는 치료하기와 돌보기curing and caring, 즉 의료 행위doctoring 그리고 간호 행위nursing 둘 모두로 구성되어 있다. 이전 시대에 있었던 오래된 일반 치료사들은 이 두 가지 기능을 통합했고 또 중시했다(예를 들어 산파는 단지 출산만을 관장하는 것이 아니라, 새롭게 어머니가 된 여인이 아이를 다시 돌볼 준비가 될 때까지 함께 살았다). 하지만 과학화된 의료가 발달하고 현대 의학 전문가가 등장함으로 인해 이 두 가지 기능은 돌이킬 수 없을 정도로 분리되어 버렸다. 치료는 의사만의 특권적 직무가 되었고 돌봄은 간호사들이 하는 일로 격하되었다. 환자 회복에 대한 모든 공로는 의사와 그가 처방한 "효과 빠른 약"에게로 돌아갔는데, 그 이유는 오직 의사만이 과학의 비밀에 관여했기 때문이다. 반면 간호사들이 하는 활동은 하인의 것과 거의 구분이 가지 않았다. 간호사는 권력도, 마술도 가지고 있지 않았으며 환자 회복에 대한 공로를 주장할 수도 없었다.

의료 행위와 간호 행위가 상호 보완적인 기능을 하는 것으로 등장함에 따라, 간호행위를 여성적이라고 규정했던 사회가 의료 행위를 본질적으로 "남성적"인 것이라고 보기란 쉬웠다. 만약 간호사가 이상적인 여성이었다넌 의사는 — 냉철한 실천주의, 추상적인 이론, 지성과 행동을 겸비한 — 이상적인 남성이었다. 간호에는 여성이 적합하다는 바로 그 자질은 여성이 의학적 행위를 하지 못하도록 막는 이유가 되었고 그 반대도 마찬가지였다. 냉정하고 순차적인 과학의 세계에 여성의 친절함과 내적 영성이 차지할 자리는 없었다. 오랜 시간이 걸리는 환자를 보살피는 일에 남성의 결단력과 호기심은 적합하지 않았다.

[과거에는*] 이러한 고정 관념이 거의 깨기 어려운 것으로 판명났었다. 오늘날 미국간호협회American Nursing Association 리더들은 간호가 더 이상 여성의 소명이 아니라 중성적인 "전문직"이라고 주장할지도 모른다. 그들은 어쩌면 이 "이미지"를 바꾸기 위해 더 많은 남성 간호사들을 필요로 할지도 모르며, 간호 행위가 거의 의학만큼 학문적 준비와 그 외 많은 것들이 필요하다고 주장할 수도 있다. 하지만 간호를 "전문화"하려는 욕망은 기껏해야 의료 체계 내에 존재하는 성차별주의라는 현실로부터 도피하려는 것밖에 되지 않는다. 최악의 경우에는 이것이 의료계에 종사하는 여성들 간의 분열을 깊게 하고 남성에 의해 통제되는 위계질서를 강화하는 성차별주의 그 자체일 수도 있다.

---

* 옮긴이 추가

결론

결론

 해결해야 할 우리만의 역사 속 순간, 그리고 우리들 스스로가 해왔던 투쟁, 두 가지 모두 우리에게 남겨져 있다. 오늘날 – 여성보건운동에 대해 — 과거로부터 무엇을 배우고 또 어떤 도움을 받을 수 있을까?

 우리가 도출해 낸 결론은 다음과 같다.

• 의학의 역사 속에서 우리가 수동적인 방관자에 머무르기만 했던 것은 아니었다. 현재 체제는 여성과 남성 치료사 간의 경쟁을 통해 만들어지고 탄생한 것이었다. 특히 의학 전문가는 여성 치료사를 차별하기 시작

한 또 다른 기관에 그치기만 한 것이 아니라, 여성 치료사를 배제하기 위해 설립되고 고안된 요새나 다름없었다. 이것이 우리에게 시사하는 바는 의료 체계 내 성차별주의가 부차적인 문제도, 사회 전반에 걸친 성차별주의가 반영된 것도, 의사들의 개인적인 성차별주의도 아니라는 것이다. 이것은 의료가 과학화되기 시작한 역사보다 오래된 것으로, 뿌리 깊고 관습화된 성차별주의라 할 수 있다.

• 우리가 적으로 삼고 있는 것은 단순히 "남자들men"이나 개인이 가지고 있는 남성 우월주의가 아니라, 남성 상류층 치료사가 승리할 수 있도록 이끌고 우리를 복종하게끔 만든 모든 계급 제도이다. 남성의 권력을 지속시키는 계급 제도는 관습화된 성차별주의 또한 유지시킨다.

• 여성이 치료적 역할에서 배제된 데에는 일관되고 타당한 이유가 역사적으로 존재하지 않는다. 실용적이고 경험에 근거하고 있으며 부도덕하다는 이유로 마녀들은 공격받았다. 그러나 19세기에 들어 이 레토릭이 뒤

바뀌어서, 여성은 과학적이지 않은 여리고 감정적인 존재가 되었다. *고정 관념*은 남성의 편의에 맞춰 변했다 — *우리*는 그렇지 않으며, "타고난 여성성"에는 순종적인 태도를 정당화할 만한 어떤 것도 없다.

• 과학적 지식을 독점함으로써 남성은 의료 체계 내에서 자신들이 쥐고 있는 권력을 유지한다. 과학은 여성이 알 수 없는 미지의 세계이며 이해를 넘어서는 어쩔 수 없는 것이라고 믿도록 가르친다. 좌절을 겪은 여성은 때때로 과학을 장악하고 있는 남성들에게 도전하기보다는 과학을 거부하고 싶은 유혹에 빠져 들기도 한다. 하지만 의료 과학은 여성을 해방시켜주는 힘이 될 수 있다. 의료 과학이 의료계 종사자로서의 삶에 힘을 부여하고 우리의 몸을 진정으로 관리할 수 있는 능력을 줄 수 있다는 말이다. 역사 속 바로 이 시점에서 의학 지식을 습득하고 공유하려는 우리의 모든 노력은 — 당신의 몸을 알아라 강좌와 팸플릿, 자립 계획, 상담 및 여성의 자유로운 진료와 같은 노력들 말이다 — 투쟁의 중요한 부분이다.

• 의학의 전문성이란 의료에 대한 남성 상류층의 독점을 제도화한 것에 지나지 않는다. 우리는 결코 전문성과 전문 지식을 혼동해서는 안 된다. 전문 지식은 우리가 추구하고 공유해야 할 무언가인 반면 전문성이란 — 정의대로 — 엘리트주의적이자 배타적이며, 성차별주의, 인종차별주의 및 계급주의일 뿐이다. 과거 미국에서 공식적인 의학 훈련을 받고자 했던 여성들은 과도할 정도로 전문성을 받아들일 준비가 되어 있었기 때문에 시류를 따랐다. 시류를 따랐던 여성들은 그 지위에서 *자신들만의* 성과를 만들어 낼 수 있었다 — 하지만 그들이 얻은 것이란 산파, 간호사 및 일반 치료사와 같이 그저 특권이 적었을 뿐인 여성들을 뒤로 한 채 이룬 것이었다. 오늘날 우리는 배타적인 의학 전문직을 여성에게 개방하는 것이 아니라, 의학을 개방하는 것을 목표로 하여야 한다 — 모든 여성에게도 말이다.

• 이것이 의미하는 바는 의료계에 종사하는 여성과 의료 소비자로서의 여성 사이에 놓인 구별과 장벽을 부수는 것에서부터 시작해야 한다는 것이다. 공통된 관심사를 만들어야만 하는데, 이것은 노동자로서의 여성

이 무엇을 필요로 하는 지 알고 있는 소비자, 그리고 소비자로서의 여성이 무엇을 필요로 하는 지에 공감하는 노동자를 의미한다. 여성 노동자들은 집단적인 자립과 자기 교육 프로젝트뿐만 아니라 보건 기관을 비판하는 데에 있어서도 주도적인 역할을 할 수 있다. 하지만 그러기 위해서 여성 노동자들에게는 강력한 여성 의료 소비자들의 지지와 연대가 필요하다.

• 오늘날 의료계에 종사하는 여성에게 가해지는 억압은 여성에게 가해지는 억압과 밀접한 연관이 있다. 의료 체계 내에서 여성이 지배적인 역할을 하고 있는 간호란, 단순히 아내와 엄마 역할이 일터로 확장된 것에 불과하다. 간호사가 저항한다는 것은 간호사가 지닌 "전문성"을 훼손시킬 뿐만 아니라 간호사의 바로 그 여성성에 위배된다는 믿음이 사회 전반에 만연해 있다. 이것은 남성 의학 엘리트들이 사회 전반에 걸친 성차별주의를 유지하는 데에 한 몫을 하고 있음을 의미하는데, 노동자 대부분이 여성인 이 산업에 대한 결정권을 의사들이 가지고 있기 때문이다. 사회 전반에 걸친 성차별주의는 여성이 대다수를 차지하는 보건 인력이

— 다루기 쉽고 수동적임을 의미하는 — "좋은" 노동자이도록 만든다. 성차별주의를 없앤다면 의료 계급제의 중심축 하나를 없앤 것이나 다름없을 것이다.

• 실질적으로 이것은 의료 체계 내에서 페미니스트 단체와 노동자 단체를 분리할 방법이 없음을 의미한다. 노동자로서 의료계에 종사하는 여성에게 관심을 보이는 것은 여성으로서 그들에게 관심을 보이는 것과 마찬가지다.

참고문헌

참고문헌 [1973년 첫 번째 판본 인쇄에 나타난 바와 같음]

The Manufacture of Madness, by Thomas Szasz, MD, Delta Books, 1971. Szasz asserts that institutional psychiatry is the modern version of the witchhunts, with the patient in the role of the witch. We are indebted to him for first presenting witchcraft in the context of the struggle between professionals and lay healers. See especially the chapter on "The Witch as Healer."

Satanism and Witchcraft, by Jules Michelet. The Citadel Press, 1939. A mid-nineteenth century work by a famous French historian. A vivid book on the Middle Ages, superstition and the Church, with a discussion of "satan as physician."

The Malleus Maleficarum, by Heinrich Kramer and James Sprenger, translated by Rev. Montague Summers. The Pushkin Press, London, 1928. Difficultmedieval writing, but by far the best source for the day-to-day operations of the witch-hunts, and for insights into the mentality of the witch-hunter.

The History of Witchcraft and Demonology, by Rev.Montague Summers. University Books, New York, 1956. Written in the 1920s by a Catholic priest and defender—really!— of the witch-hunts. Attacks the witch as "heretic," "anarchist," and "bawd."

Witchcraft, by Pennethrone Hughes. Penguin Books, 1952. A general introduction and survey.

Women Healers in Medieval Life and Literature, by Muriel Joy Hughes. Books for Libraries Press, Freeport, New York, 1943. A conservatively written book, with good information on the state of academic medicine and on women lay doctors and midwives. Unfortunately, it dismisses the whole question of witchcraft.

The Witch Cult in Western Europe, by Margaret Alice Murray. Oxford University Press, 1921. Dr. Murray was the first person to present the anthropological view, now widely accepted, that witchcraft represented, in part, the survival among the people of a pre-Christian religion.

A Mirror of Witchcraft, by Christina Hole. Catto and Windus, London, 1957. A source-book of extracts from trial reports and other writings, mostly from English witch trials of the sixteenth and seventeenth centuries.

The Formation of the American Medical Profession: The Role of Institutions, 1780-1860, by Joseph Kett. Yale University Press, 1968. Conservative point of view, but full of scattered information on lay healers. He discusses the politically radical nature of the Popular Health Movement in Chapter Four.

Medicine in America: Historical Essays, by Richard H. Shryock. Johns Hopkins Press, 1966. A readable, wide-ranging and fairly liberal book. See especially the chapters on "Women in American Medicine" and "The Popular Health Movement."

American Medicine and the Public Interest, by Rosemary Stevens. Yale University Press 1971. Long and dry, but useful for the early chapters on the formation of the American medical profession and the role of the foundations.

Medical Education in the US and Canada, by Abraham Flexner, Carnegie Foundation, 1910. (Available from University Microfilms, Ltd., Ann Arbor.) The famous

"Flexner Report" that changed the face of American medical education. Some reasonable proposals, but amazing elitism, racism, and sexism.

The History of Nursing, by RIchard Shryock. N.B.Saunders, 1959. Better than most nursing histories—which are usually glorifications of nursing by nursing educators—but must worse than Shryock's medical histories.

Lonely Crusader: The Life of Florence Nightingale, by Cecil Woodham-Smith. McGraw Hill, 1951. A richly detailed biography which puts nursing in the context of the oppression of upper-class Victorian women.

Glances and Glimpses, by Harriet K. Hunt. Source Book Press, 1970. Rambling autobiography of a feminist and "irregular" woman doctor of the midnineteenth century. It's useful for its descriptions of the state of medical practice at the time.

"The American Midwife Controversy: A Crisis of Professionalization," by Frances E. Kobrin. *Bulletin of the History of Medicine*, July-August 1966, p.350. Restrained and scholarly account of the outlawing of American midwives. Very worthwhile reading.

옮긴이 후기

옮긴이 후기

　역자 후기에 쓰고 싶은 말이 많아서 무엇을 쓸지 오래 고민하기도 했습니다만, 결국 내가 왜 이 책을 번역하고 싶었는가에 대해 쓰는 것이 좋겠다고 결론 지었습니다. 이 부분에 대해서 이야기를 하다 보면 마녀와 간호사를 연결시키는 이 책이 이해가 가지 않는다고 느낄 사람들에게도 어느 정도 설득력을 가지게 되지 않을까 싶기도 합니다.

　몇 년 전까지만 해도 저는 간호사였습니다. 지금은 간호사로 일을 하고 있지 않지만 여전히 간호사들이 겪고 있는 고질적인 문제들에 대해 관심을 가지고 있습니다. 그리고 바로 그러한 관심이 이 책을 번역하고 싶다는 지점으로까지 나아갔다고 할 수 있을 것 같습니다. 살면서 한 번도 생각해본 적이 없던 출판사를 차려야겠다는 결심을 할 정도로 말입니다.

이 책은 간호사의 기원을 마녀로 보고 있습니다. 소명 의식을 가진 직업, 백의의 천사로도 불리는 이 직업을 마녀와 연결시키는 것이 직관적으로 이해가 가지 않을 수도 있겠지만 저는 그렇기 때문에 이 책을 집어 들었습니다. 현재 간호사의 모습은 나이팅게일 이후에 생겨난 것이기 때문에 중세와 르네상스 시대의 마녀가 오늘날의 간호사와 똑같다고 할 수는 없습니다. 따라서 간호사와 마녀의 연결 지점을 이해하기 위해서는 관점의 변화가 필요합니다. 이 책이 간호의 역사를 고집하여 추적하기 보다는, '여성'이라는 성별에 초점을 맞추어 역사를 재구성하기 때문입니다. '간호사라는 직업에는 왜 여성이 많을까?'라는 질문에서부터 접근해 보는 것도 좋겠네요.

최근에는 추세가 바뀌어 남자 간호사가 많아지고 있지만 여전히 간호사를 직업으로 삼는 사람의 대다수는 여성입니다. 간호사 중에는 왜 여성이 많을까요? 많은 사람들이 의문을 던지지 않는 질문이지만 그럼에도 이런 질문을 던져 본다면, 여기에 우리는 어떤 답변을 내놓을 수 있을까요?

일반적으로 쉽게 떠올릴 수 있는 해답은 '간호가 여성적인 직업이기 때문이다'일 것입니다. 따뜻함으로 사람을 보살피고, 정서적으로 공감을 해주고, 환자의 침상 곁을 지키며 의사를 보조하는 간호사의 이미지는 무의식적으로 '여성적'으로 분류되곤 하니까요. 하지만 그것을 과연 '여성적'이라고 할 수 있을까요? 그렇다면 의사는 여성적인 직업이 아니기 때문에 남성이 많은 것일까요? 그러나 이런 방식으로 접근하게 될 경우, 많은 것들을 설명할 수 없게 됩니다. 점점 수가 늘어나고 있는 남성 간호사도, 여성 의사도 말이지요.

무엇보다 어떤 특성을 '여성적이다' 혹은 '남성적이다'라고 분류하는 것은 지극히 인위적인 판단 기준일 뿐이며 고정불변한 진리가 아닙니다. 더군다나 간호사로 일해 본 사람이라면 이 직업이 따뜻함과 정서적 공감능력만을 필요로 하는 게 아니라는 사실을 잘 아실 겁니다. 환자를 옮기거나 욕창이 생기지 않게 하기 위해 환자의 체위를 바꾸는 데에는 강한 힘이 필요하고 응급 상황이 발생했을 때 간호사에게 가장 필요한 자질은 따뜻함이나 위로, 정서적 공감보다는 빠르게 상황을 판단하고 분석하여 무엇을 해야 할지 결정을 내리는 것이니까요. 물론 여기서 제가 언급한 강한 힘, 따뜻함, 정서적 공감, 상황 판단, 분석력, 빠른 의사 결정 등등 모두는 여성적이지도, 남성적이지도 않다는 점을 다시 한 번 이야기하고 넘어가고 싶습니다. 어쨌든 결론적으로 간호사라는 직업에 여성이 많은 것은 그 직업이 여성적인 특성을 가지고 있기 때문이라는 답변에는 어폐가 있습니다.

그렇다면 왜 간호사라는 직업에는 여성들이 많은 것일까요? 저는 이 책이 나름대로 설득력 있는 해답을 주고 있다고 생각합니다. 아주 먼 옛날부터 의료에 접근하기 어려웠던 사람들을 위해 치료술을 행하는 여성들이 있었습니다. 이 여성들은 어느 순간부터 마녀로 몰리며 재판을 받고 사냥 당하기 시작했습니다. 시간이 조금 더 흘러서는 의료 시장에서 남성 의사들과의 주도권 싸움에서 밀려나게 되었고 결과적으로 여성에게 남겨진 것이란 의사를 보조하는 일인 간호사뿐이었다는 것이 이 책의 기본 논조입니다. 이것이 이 책이 이야기하는, 간호사 중에 여성이 유독 많은 이유이지요. 간호 행위가 여성에게 더 적합해서, 타고나길 그렇게 타고나서가 아닙니다. 절대적으로 남성밖에 없었던 의료업계에서, 권력을 쥐고 있던 의사들이 여성에게 허용한 직업적 자리가 간호사밖에 없었을 뿐입니다. 그것이 가능했던 이유는 여성이 지식에 접근하지 못하도록 차단했기 때문이었습니다.

중세와 르네상스 시대, 의사와는 다른 지식을 가지고 아픈 사람들을 돌보던 여성은 과연 어디로 간 것일까요? 저는 의료 시스템 내에서 간호사가 차지하게 된 위치에 주목해 보고자 합니다. 왜냐하면 그 시스템이 여전히 이어져 내려오고 있고 특히나 한국에서는 그 상하관계가 보다 강력하기 때문입니다. 변화하기 위해서는 현재 위치가 어떠한지, 왜 이런 위치에 있게 되었는지 아는 작업이 동반되어야 합니다.

바로 이 부분에서 저는 이 책이 번역될 필요가 있다고 느꼈습니다. 한국의 간호사들은 유독 순종적일 것을 요구받습니다. 응급실이나 중환자실처럼 급박하게 돌아가는 환경에서는 이 관계성이 옅어지는 측면이 있겠지만 상황은 비슷합니다. 의사와 간호사 사이에 분쟁이 생길 경우 간호사가 가장 많이 듣는 말 중에 하나는 '네가 참아라' 입니다. 잘잘못을 가리기 보다 일단 간호사는 참고 봐야 합니다. 병동이나 외래의 경우는 상황이 조금 더 심각합니다. 3월이면 병동에는 인턴을 마치고 레지던트가 되어 돌아오는 신입 의사들이 예의가 없거나 화를 많이 내고 일을 능숙하게 하지 못 해도 참으라는 공지 아닌 공지가 내려옵니다. 처음 하는 업무에, 과도한 업무에 치인 그들이 간호사들에게 무례하게 구는 것은 관행처럼 굳어진 당연한 일이 되었습니다. 자연스럽게 그들을 받아주는 것은 간호사들의 일로 남겨지게 됩니다. 우리는 그들의 어머니가 아닌 직장 동료인데 말이지요.

외래에서는 어떠할까요? '어떤 교수가 빵집에서 갓 나온 빵을 원하기 때문에, 그 교수가 외래 진료를 보는 날이면 간호사들끼리 돌아가며 오전 7시까지 빵집에 들러 빵을 사야 한다'와 같은 이야기는 아직도 심심치 않게 들려옵니다. 초과 근무 수당이 나오지 않는 것으로 보아 간호사들의 정식 업무는 아닌 것 같습니다. 물론 보다 근본적으로 초과 근무 수당과 상관없이 이것이 간호사들이 해야 하는 본연의 업무인지, 그러니까 의사의 취향에 맞는 빵을 준비하는 것이 진료를 보조하는 일이나 환자를 간호하는 일에 해당하는지 생각해 볼 필요가 있습니다.

여기까지 글을 읽으셨다면, 어쩌면 이런 의문이 들지도 모르겠습니다. 이 책은 서양의 역사이고 한국에는 그와 다른 역사가 있는데 어떻게 같은 설명이 적용될 수 있겠느냐고 말입니다. 당연한 질문입니다. 의료 행위가 여성에게 완전히 배제되었던 서양과 달리 한국에서는 조선시대 의녀 제도가 있었습니다. 하지만 의녀가 현재 간호사처럼 남성 의원의 감독 하에 그들의 진료를 보조하는 역할만 했던 것은 아닙니다. 여성을 진료하고 출산을 돕는 것은 오롯이 의녀의 몫이었습니다. 그들이 여성을 온전히 돌보고 치료하는 여성이었다는 점에서, 마녀와 그 형태가 다르기는 하지만 여성이 독자적인 의료 행위를 했던 역사라고 할 수 있습니다(저는 여기서 '여성' 치료사의 역사를 다루고자 하는 것이기 때문에 의녀를 의사의 역사에 편입시킬 것인지, 간호의 역사에 편입시킬 것인지는 다루지 않으려고 합니다). 그러나 개화기 시대 서구 의학과 의사-간호사라는 시스템이 도입되면서 의녀는 사라지고 간호사만이 남게 되었습니다. 독자적으로 여성을 치료하고 진료하던 치료사로서의 의녀가 아니라 의사를 보조하고 환자를 돌보는 간호사로 말입니다. 서구 병원의 시스템을 그대로 답습하고 있는 이상, 서양에서부터 시작된 간호의 역사가 한국의 상황에 맞지 않다고 이야기하기는 어렵습니다.

본문에도 나와 있듯이 환자의 병을 치유 하는 일에 있어서는 치료와 돌봄이 함께 이루어져야 합니다. 하지만 치료와 돌봄은 분리되었고 이 구분은 다시 치료는 의사의 영역, 돌봄은 간호의 영역으로 분업이 되었습니다. 그리고 이 분업이 효율을 위한 분업에서 그치는 것이 아니라 어떤 위계를 만들어 내고 있고 이 위계는 여성에 대한 차별과 억압과도 결부되어 있습니다. 당연한 이야기이겠지만 남성 간호사들이 많아지고 여성 의사들이 많아진다고 해서 해결되는 문제가 아닙니다. 생물학적인 성별의 문제가 아니라 사회적으로 부여된 여성성과 관련된 문제이며 동시에 구조적인 문제이기 때문입니다. 의료 시스템 자체가 변하지 않는다면 의사-간호사 사이의 문제뿐 아니라 의사 집단 내 여성 의사에 대한 차별과 간호사 집단 내 남성 간호사들이 겪게 될 문제는 해결되지 않을 것입니다. 간호사를 비롯한 수많은 돌봄 노동자들에게 가해지는 차별은 성차별과 뗄 수 없는 문제이며, 돌봄 노동에 대한 가치는 사회에서 제대로 평가받지 못 하고 있습니다. 환자를 돌보고 간호하는 것에 대해 많은 사람들은 소명 의식과 희생 정신을 가지고 임해야 하는 일이라고 여기지만 돌봄은 엄연한 노동인 동시에 당연하게 주어지는 것이 아닙니다. 이 점을 이해하기 위해서는 돌봄 노동의 가치가 왜 평가 절하되었는가를 살펴보아야 하고 그 여정을 따라 가다 보면 이것이 여성에 대한 차별과 관련이 있음을 깨닫게 됩니다.

이 책의 초판이 나온 것이 1975년, 두 번째 판본이 나온 것이 2010년입니다. 이 오래된 책이 우리에게 줄 수 있는 것은 과연 무엇일까요? 이 책이 어떤 명확한 해결책을 제시해줄 수 있을 거라고 생각하지는 않습니다. 다만 제가 여기서 얻었던 것은 문제를 바라볼 수 있는 새로운 관점이었습니다. 책이 처음 쓰였을 당시 여성들에게는 과학적 지식에 접근할 수 있는 기회가 차단되어 있었고, 두 명의 저자는 여성들을 대상으로 여성의 몸에 관한 강의를 하다가 이 책을 출판하기에 이르렀습니다. 지금은 알고자 한다면 지식에 접근할 수 있는 다양한 경로가 있기 때문에 이런 측면에서 보자면 여기서 제시하는 결론이 현재와 맞지 않는 듯 보이기도 합니다. 그러나 여전히 유효한 내용이 있기도 한데 바로 의료 체계 내에서 여성 노동자들에게 가해지는 억압이 성차별과 관련이 있다는 점을 짚어 냈다는 점에서, 그리고 그 문제가 여전히 지속되고 있다는 점에서 그렇습니다. 만약 여기서 진행되는 이야기가 다소 낡은 듯 보인다면, 그것은 필시 우리가 사는 세계가 그 전과는 변했기 때문이라고 생각합니다. 그리고 이 낡은 이야기가 과거의 것으로 치부되는 것이 아니라 앞으로 변화해 나가야 할 방향을 알려주는 이정표가 되어줄 수 있기를 바랍니다.

우리는 원래
간호사가 아닌 마녀였다

지은이 바버라 에런라이크 & 디어드러 잉글리시
옮긴이 김서은
펴낸이 김서은
펴낸곳 라까니언
편집 김서은
표지 디자인 신나리 & 김서은

1판 1쇄 발행 2023년 01월 09일

출판등록 제 2020-000064호
메일 lacanienne0@gmail.com
인스타그램 z_0_after_
트위터 lacanienne0

ISBN 979-11-980598-0-2
책값 12,000원